FERNANDA PARAGUASSU

BUENOS AIRES COM CRIANÇAS
AVENTURINHAS NA TERRA DO DULCE DE LECHE

COLEÇÃO CRIANÇAS A BORDO

2ª EDIÇÃO

PULP EDIÇÕES
CURITIBA – 2011

© Fernanda Paraguassu, 2011

Nesta edição, respeitou-se o Novo Acordo Ortográfico da Língua Portuguesa.

PROJETO EDITORIAL: Pulp Edições

PROJETO GRÁFICO E DIAGRAMAÇÃO: Patricia Papp e Halini Saad

EDIÇÃO: Vicente Frare e Fernanda Ávila

REVISÃO: Mônica Ludvich

ILUSTRAÇÕES: Eve Ferretti

FOTOGRAFIAS DAS ILUSTRAÇÕES: Nuno Papp

Direitos de uso da imagem do Gaturro na página 23 cedidos por Cristian Dzwonik, ou simplesmente Nik. www.gaturro.com

Dados Internacionais de Catalogação na Publicação (CIP)
Bibliotecária responsável: Maria Inês Meinberg Perecin – CRB 8/5598

```
P222b      Paraguassu, Fernanda

               Buenos Aires com crianças : aventurinhas
           na terra do dulce de leche . 2.ed., / Fernanda Paraguassu
           Curitiba : Pulp Edições, 2011.
           164p.; Il

               ISBN 978-85-63144-13-3

               I. Buenos Aires (Argentina) – descrições e viagens
           1. Título

                                                    CDD - 918.211
```

[2011]
Todos os direitos desta edição reservados à
PULP EDIÇÕES LTDA.
Rua Júlio Perneta, 828c
80810-110 – Curitiba – Brasil
Tel.: (41) 3308 4097
www.pulpideias.com.br

BUENOS AIRES COM CRIANÇAS

AVENTURINHAS NA TERRA DO DULCE DE LECHE

Aos meus filhos, Gabriel e Manuela,
minha inspiração para a vida.

Desembarquei com meus dois filhos pequenos em Buenos Aires em fevereiro de 2009. Fomos morar na Argentina por causa do trabalho do meu marido. Minha filha tinha 2 anos e meu filho, 5. Como o pai viajava bastante, eu me dediquei integralmente às crianças para que a adaptação delas à nova vida fosse a melhor possível. Não poderia ter sido diferente. Depois de doze anos trabalhando como jornalista, a profissão entrou em banho-maria e eu tive que me reinventar.

Assim nasceu o blog Buenos Aires para Niños. A ideia era escrever sobre assuntos do meu dia a dia. Portanto, bares, shows e jantares a dois deram lugar a parques, sorveterias e restaurantes com brinquedoteca. Foi um dia de cada vez. Uma nota atrás da outra.

Às vezes, eu passeava sozinha, caminhando em busca de algum lugar legal que lia em notas de revista. Em outras, íamos em família e fazíamos todos juntos nossas "saídas investigativas". A cada sábado, domingo ou feriado, planejávamos tudo para conhecer lugares diferentes. Aos poucos, além da família, fomos conquistando novos seguidores e comentaristas, que passaram a frequentar o blog. Muitos voltaram agradecendo pelas dicas que encontraram ali.

Junto com meus filhos, meus pequenos grandes companheiros, desbravamos uma Buenos Aires diferente. Visitamos os lugares tradicionais dos guias de viagem, como o Caminito em La Boca, o zoológico de Palermo e a feira de antiguidades em San Telmo. Descobrimos outros menos conhecidos, como um restaurante do bairro, uma livraria charmosa, um teatro aconchegante e lojinhas simpáticas.

Passeamos muito e mostrei às crianças outro país, outra cultura, às vezes parecida com a nossa e em outras, nem tanto. Não riscamos museus e exposições da lista de programas. Também não deixamos o vinho de lado. Apresentamos a eles outros ares e sabores. Acreditamos ter aberto uma porta para este mundão que os espera.

Este guia é uma compilação de nossas descobertas para quem quiser levar as dicas na bolsa com uma dose de curiosidades e informações fresquinhas que não foram vistas no blog! Boa leitura y buen viaje!

Fernanda Paraguassu,
Buenos Aires, novembro de 2010.

índice

Apresentação	12
É sempre bom saber	14
Curiosidades	20
Aire Libre	28
Museus para todos os gostos e idades	42
Livrarias	58
Teatros	66
Brinquedotecas	72
Escapadas	78
Um dia legal	92
Hora da fome	94
Onde ficar	120
Compras	134
Para arranhar o castelhano	152
Agradecimentos	158
Sobre a ilustradora	159

apresentação

Buenos Aires pode ser mais que um destino romântico com vinho, tango e milongas. Mude o foco, faça uma adaptação nos horários e descobrirá outra Buenos Aires com seus filhos. Na capital portenha você volta a ser criança no carrossel da praça, se lambuza com o doce de leite no sorvete, na panqueca ou no recheio do alfajor, viaja nas histórias da livraria da esquina e corre pelos parques em dias de céu azul.

Em Buenos Aires, crianças são bem-vindas. Há inúmeros espaços dedicados a elas, ainda que simples, porém, acolhedores e cheios de boa informação. A riqueza, para seus filhos, de uma viagem como essa pode estar na descoberta de brinquedos com um ar antigo, novos sabores ou lugares bem pensados para despertar a curiosidade de quem está apenas começando a viver. A programação cultural, que atrai tantos adultos, também traz muitas opções para o público infantil.

Nossa ideia foi pinçar o que achamos que vale a pena entre os lugares que visitamos. A seguir, uma seleção de programas com comentários que vão ajudar você a passar dias agradáveis e inesquecíveis com os pequenos na capital de los hermanos.

É SEMPRE BOM SABER

VOLTAGEM

Se levar aquecedor de mamadeira elétrico, carregador de celular ou de máquinas fotográficas, secador de cabelo, ou se pretende plugar-se em algum café wi-fi da cidade, é melhor não se esquecer de trazer na bolsa um adaptador universal porque a tomada é diferente. Você pode ainda pedir emprestado na recepção do hotel assim que chegar ou comprar um em lojas de ferragens. A voltagem é de 220 volts e plugar se diz *enchufar*.

HORA DA FOME

Acerte os ponteiros porque os portenhos costumam comer tarde. Os restaurantes ficam cheios perto das 14 horas. Muitos lugares reabrem para o jantar por volta das 20 horas. Portanto, uma parada para o lanche é providencial. Tente manter, na medida do possível, o horário das refeições das crianças. Não precisa entrar no restaurante às 11 horas da manhã, mas lembre-se de oferecer uma fruta ou suco para os pequenos, evitando que enlouqueçam de fome – ou melhor, enlouqueçam você por causa dela!

É SEMPRE BOM SABER

DINHEIRO

Muitos restaurantes de Buenos Aires não aceitam cartão de crédito. Trabalham somente com dinheiro e não avisam o desavisado. Portanto, pergunte antes de tocar no pãozinho do couvert. Aliás, cuidado com a cesta de pães. Ela sempre aparece na sua frente sabe-se lá de onde, torna-se um alvo fácil para as crianças e pode estragar o apetite dos pequenos. E você sabe bem que pouco depois de saírem do restaurante eles vão reclamar de fome.

GORJETAS

Nos restaurantes, não é hábito cobrar 10% de gorjeta – que chamam de *propina* – junto com a conta. Mas é de bom tom deixar *propina*, principalmente se o atendimento for bom.

CARRINHOS DE BEBÊS

Se seu filho ainda está na idade de pedir colo, não hesite em levar um carrinho. A cidade é plana e muitos passeios demandam boas caminhadas. O carrinho pode ser a salvação para as suas costas. Ele ainda pode ser útil para o momento da soneca,

É SEMPRE BOM SABER

enquanto você faz um intervalo tranquilo para um café ou em uma loja. Dê preferência a um modelo leve e fácil de desmontar, tipo guarda-chuva.

CLIMA

Buenos Aires pode ser um bom passeio de janeiro a dezembro, seja em viagens curtas ou em férias um pouco mais longas. As estações do ano são bem definidas: calor, árvores sem folhas, frio e flores. No verão, por conta da alta umidade, a cidade parece uma sauna. Mas é também nessa época do ano que a cidade fica mais tranquila. O trânsito, geralmente caótico a partir de março, quando terminam as férias escolares, flui melhor.

No inverno chove menos. O frio pode piorar com o vento, que leva a sensação térmica para bem menos de 10 graus, especialmente no início da manhã e à noite. Em Buenos Aires não neva. A não ser que você tenha a sorte de alguma tempestade desorientada baixar na cidade, como em 2007, depois de 89 anos sem um pingo de neve na capital. Apesar do frio, há dias bonitos de céu azul, uma inspiração para passeios ao ar livre. Na primavera, os dias são frescos e a cidade volta a ganhar cores, com as árvores cheias de flores.

É SEMPRE BOM SABER

TRANSPORTE

Buenos Aires tem mais táxis por habitante do que Nova York. São 38 mil veículos nas tradicionais cores preta e amarela pelas ruas. Alguns taxistas portenhos têm um humor peculiar. A maioria dos motoristas é bem-educada e adora o Brasil, mas não hesite em saltar caso alguma coisa esteja incomodando (cigarro, velocidade, mal humor, caminho errado). Prefira radiotáxis. Se for para lugares mais distantes, chame um remis, o transporte que cobra preço fixo. Os carrinhos costumam ir no porta-malas ou dobrados no banco da frente.

O metrô (*subte*) é outra opção de transporte mais rápida e barata. Você não vê a paisagem, mas sente o pulso da cidade. Algumas linhas ficam lotadas durante a semana, com vagões tipo "ninguém entra, ninguém sai", por isso, use-o em horários alternativos. Há muitas estações sem escadas rolantes, inclusive nas conexões, dificultando a vida de quem está com carrinho de bebê.

Leve um mapa na bolsa, que pode ser encontrado no hotel ou em bancas de jornais. Uma opção é o Guia T, com informações de ruas, ônibus, metrô e telefones úteis. Em lojas infantis, você pode conseguir o *mapa BSAS Chicos*, colorido e com algumas dicas de lugares para as crianças.

www.bsaschicos.com.ar

É SEMPRE BOM SABER

BANHEIROS

Não se esqueça de algumas dicas ao fazer passeios longos com crianças que estão começando a tirar a fralda: leve mais de uma muda de roupa e muitos lenços umedecidos. Faça a galerinha ir ao banheiro antes de sair do hotel e não se esqueça de levá-los ao banheiro quando encontrar algum por perto. Pode parecer besteira, mas na empolgação todo mundo esquece e, quando pedirem para ir rápido ao banheiro, poderá ser tarde demais.

SEGURO DE VIAGEM

Mesmo que seja só por alguns dias, é melhor contratar um seguro de saúde antes de sair do Brasil. As agências de viagens costumam vender o serviço mesmo que você não tenha comprado as passagens ali. Ainda que você traga a sua farmácia e o telefone do pediatra na carteira, dá mais tranquilidade saber que estará preparada para algum imprevisto. Amidalites, otites e outras "ítes" não têm hora para aparecer. Em geral, é possível encontrar os mesmos medicamentos para dor, antitérmicos e remédios para tosse de venda livre. Alguns têm o mesmo nome, porém, é mais garantido pedir pelo

É SEMPRE BOM SABER

princípio ativo. Antibióticos precisam de receita. Fique atenta porque não há soro pronto para reidratação em caso de vômito e diarreia. Nesse caso, os médicos indicam bebidas isotônicas. Mas você pode encontrar na Farmacity – a maior rede local de farmácias – envelopes de sais em pó para misturar com água potável. Peça por *sales para rehidratación*.

Em caso de emergência médica, o turista pode ligar para 107 – o serviço de emergência de Buenos Aires –, que pode enviar uma ambulância para o seu hotel, ou ainda procurar algum hospital público, que atende gratuitamente em casos de extrema necessidade. O *Hospital Fernandez* é um hospital público de referência e pode atender quem está na região de Palermo e Recoleta.

BABYSITTER

Muitos hotéis oferecem serviço de babysitter para os pais que tiverem energia para um programinha a dois no fim do dia. É necessário solicitar na recepção com antecedência, às vezes de um dia.

www.hospitalfernandez.org.ar

CALENDÁRIO

Alguns dias importantes são comemorados na Argentina em datas diferentes do Brasil. O Dia das Mães é no terceiro domingo de outubro, o Dia dos Pais é no terceiro domingo de junho e o Dia das Crianças é no segundo domingo de agosto. Lembre-se de que o Dia de Reis, celebrado em 6 de janeiro, é feriado.

EVENTOS

Buenos Aires tem eventos variados ao longo do ano. Fique de olho em alguns deles:

AHORA MAMÁ EXPO: é a feira de gestantes e bebês promovida por uma revista especializada, que geralmente é realizada no segundo semestre, no centro de convenções La Rural, em Palermo.
www.ahoramama.com.ar/expo

AIRES BUENOS AIRES: a cidade oferece uma série de atividades nas férias de verão. Tem rock no parque, cinema ao ar livre, música nos museus, dança nas praças e uma variada programação infantil em diferentes pontos de Buenos Aires.
www.airesbuenosaires.gob.ar

CURIOSIDADES

BAFICI E BAFICITO: é o Buenos Aires Festival Internacional de Cine Independiente. O Baficito é a versão para o público infantil. Geralmente acontece em abril.
www.bafici.gov.ar

BUENOS AIRES PLAYA: quem não tem praia inventa. No verão, a cidade monta uma praia com direito a areia, barracas, chuveiro para se refrescar, bares, atividades esportivas e culturais. O mar? É apenas um detalhe.
www.buenosairesplaya.gov.ar

BUENOS AIRES POLO CIRCO: festival de circo que geralmente acontece nas férias. Acrobatas, malabaristas e equilibristas de várias partes do mundo se apresentam em diferentes pontos da cidade.
www.festivalpolocirco.gov.ar

EXPOSICIÓN RURAL: realizada anualmente no fim de julho, no centro de convenções La Rural. A mais tradicional feira rural da Argentina dura cerca de dez dias. Tem campeonato e leilão de animais. É um programa para levar as crianças para conhecerem os bichos e provar comidas típicas do país.
www.exposicionrural.com.ar

CURIOSIDADES

FERIA INTERNACIONAL DEL LIBRO: além de lançamento de livros, inclusive infantis, há programação cultural com atividades para crianças e adolescentes. No estande da Embaixada do Brasil, há alguns títulos infantis em português à venda. O evento é anual e costuma ser realizado entre abril e maio, no centro de convenções La Rural. Entre julho e agosto, é realizada a Feria del Libro Infantil y Juvenil, no Centro de Exposições da Cidade de Buenos Aires.
www.el-libro.org.ar

LA NOCHE DE LOS MUSEOS: uma noite por ano, os museus da cidade abrem as portas de graça a partir das oito horas da noite e funcionam até de madrugada. É uma noite concorrida, com shows e contação de histórias, inclusive para as crianças. Geralmente no último trimestre do ano.
www.lanochedelosmuseos.com.ar

TANGO BUENOS AIRES: festival e mundial de baile, geralmente em agosto. Tem espetáculos de tango para crianças.
www.tangobuenosaires.gov.ar

CURIOSIDADES

PERSONAGENS INFANTIS DA ARGENTINA

MANUELITA: Manuelita, dónde vas? A tartaruga, que vivia na cidade de Pehuajó (onde há uma estátua em sua homenagem), apaixonou-se e foi para Paris para dar um trato no visual. Ela é criação da escritora argentina Maria Elena Walsh. A música é muito popular entre as crianças pequenas. A canção inspirou o filme "Manuelita", dirigido por Manuel García Ferré, em 1999.

GATURRO: o gato de bochechas enormes e com tiradas engraçadas foi criado pelo cartunista argentino Nik. Gaturro não sabe direito a idade que tem. Chegou à casa de seus donos ainda pequeno. É um pouco inseguro, curioso, travesso e afável. Como todo gato, muito observador. E suas observações são fantásticas. Tem amigos no bairro e é apaixonado pela gata Ágatha. As aventuras do gato ganharam uma montagem teatral para crianças e, em 2010, foi lançado o filme "Gaturro em 3D".

CURIOSIDADES

RATÓN PÉREZ: quando cai o dente de um pequeno argentino, ele fica esperando a visita do rato do dente para ganhar um dinheirinho. Conta a lenda que funciona assim: o dente de leite deve ser colocado debaixo do travesseiro e será substituído, na calada da noite, por uma moeda. O tal rato que, em países de língua espanhola, faz o mesmo trabalho da fada em países de língua inglesa chama-se Pérez. E seu Pérez é tão famoso que virou até peça de teatro e filme na Argentina.

SAPO PEPE: *le digo Pepe vení y el salta, salta!* O sapo verde de camiseta vermelha que não para de saltar pode lembrar um dos personagens dos Muppets. Na Argentina fez fama entre as crianças nos shows com a cantora Adriana, uma ex-professora de jardim que os pequenos adoram. Sapo Pepe e Adriana viraram quase sinônimos. Até que, em 2009, o bicho virou o centro de uma disputa entre Adriana e a autora da canção, que proibiu na justiça que a ex-professora cantasse a música. Também pediu que parasse de vender os produtos com o sapo. O produtor de Adriana afirmou que o sapo foi criação de um desenhista contratado por ele e que nunca disseram que a música era de autoria da ex-professora. Enquanto a briga rola, Pepe saltou para outro lado e apareceu em shows de Pipo Pescador, outro cantor de sucesso entre as crianças.

CURIOSIDADES

MAFALDA: a menina filósofa da história em quadrinhos odiava sopa e sonhava com a paz mundial. Com seu humor ácido e visão crítica, aos 6 anos de idade aborda temas do mundo adulto. Em 2009, Mafalda ganhou uma escultura em tamanho natural na porta da casa onde morou e tirar uma foto ao lado da boneca é uma diversão para as crianças. Na verdade, no número 371 da Rua Chile, em San Telmo, morou, na década de 1960, o desenhista que a criou. Quino vivia no décimo andar do edifício, que chegou a ser retratado exatamente como era, com o detalhe da maçaneta e tudo. Desde a década de 1970 não há novas histórias sobre Mafalda. Mas ela continua com a corda toda em vários livros nos jornaleiros, nas livrarias ou em forma de boneca, em lojinhas e feiras.

PATORUZÚ: esse é das antigas, mas ainda causa frisson entre os adultos que relembram os tempos de infância em que liam as histórias em quadrinhos do cacique Tahuelche da Patagônia. Criado em 1928 pelo desenhista Dante Quinterno, foi o herói mais popular na época. Tinha uma força incomum e um caráter generoso. Era iludido por pessoas de mau caráter, que acabavam sempre sendo punidas. Entre os personagens da história, estão Isidoro Cañones, Upa, Patora, La Chacha e Pampe-

CURIOSIDADES

ro, o fiel cavalo de Patoruzú. Em outro momento, são contadas aventuras da infância do índio; surge então Patoruzito, com Isidorito e Pamperito.

ANTEOJITO: outro das antigas. Personagem de história em quadrinhos criado por Manuel García Ferré, foi título de uma revista que circulou na Argentina entre 1964 e 2002. A publicação chegou a vender 300 mil exemplares por semana e foi considerada um clássico entre crianças e jovens argentinos de várias gerações. Anteojito era um menino de 8 anos, tranquilo e inteligente, que usava óculos. Daí o nome no diminutivo de *anteojos*, que significa óculos em espanhol. Se destacou também cantando músicas como "La Vaca Lechera". Entre outros personagens de García Ferré que fizeram parte da infância argentina estão Hijitus, um menino de rua que se transformava em Super Hijitus para defender os amigos; Trapito, um espantalho com vida própria; e Calculin, um menino curioso que tinha um livro no lugar do cabelo, demonstrando sua sabedoria.

ANOTAÇÕES

aire libre

Buenos Aires tem uma boa variedade de programas ao ar livre. A região de Palermo Botánico concentra as principais atrações, como os Bosques de Palermo, uma grande área verde de 80 hectares com árvores e sombra para um piquenique, pista para caminhar, andar de bicicleta e lugar para bater uma bola. Também estão na região o Jardín Japonés, o zoológico, o Club de Amigos e a Plaza Alemania. Durante o verão, nada melhor do que começar o dia gastando energia fora de casa. Sugiro começar cedo ou à tardinha, porque o calor no meio da tarde pode ser demais da conta. No inverno, a dica é fazer o contrário: esperar o dia esquentar um pouco para só depois colocar o nariz na rua. Na primavera, há dias lindos de céu azul, sol e vento fresco!

JARDÍN ZOOLÓGICO
UM CLÁSSICO QUE É O BICHO

Esta é uma dica clássica. O *zoológico de Buenos Aires* foi inaugurado no final do século 19 e está localizado em 18 hectares, no coração da cidade, perto dos Bosques de Palermo. Tem 350 espécies de aves, mamíferos e répteis e mais de 3 mil animais. Como todo zoológico moderno, é um lugar de preservação do meio ambiente e de espécies em extinção e desenvolve uma série de projetos educativos.

A arquitetura do parque também chama a atenção. Os animais ficam soltos em ambientes que lembram seus países de origem. A entrada geral custa mais barato do que o passaporte. Vale a pena pagar mais se quiser conhecer o aquário, com shows de foca e leão-marinho; o reptilário, com cobras coloridas; e a selva subtropical, com animais típicos da região, como as araras, que ficam soltas em um ambiente e podem dar um rasante sobre sua cabeça. O passaporte dá direito a um passeio de barco de uns cinco minutinhos para ver lêmures, habitantes de Madagascar e primos da suricata.

No meio do zoo tem

www.zoobuenosaires.com.ar

JARDÍN ZOOLÓGICO
A entrada principal é pela Avenida Las Heras e Avenida Sarmiento. Nos fins de semana, pode ficar cheia porque é onde há pontos de ônibus. Nesse caso, entre pela outra porta, na Avenida Libertador.

- *Todos os dias, das 10h às 18h.*
- *Visitas guiadas e passeios noturnos.*
- *Alugam carrinhos para bebês de até 18 meses.*
- *Programa para toda a família.*

um parquinho com brinquedos de madeira que as crianças adoram. Assim que chegar, compre um pouco de comida para jogar para os bichos, vendida em pequenos baldes nos quiosques do parque. São biscoitos de fibra e você pode dar esse alimento para quase todos. Lembro que para a girafa não pode. Cuidado com os patos que ficam soltos e adoram perseguir quem está com comida nas mãos. Para os pequenos, tem um grande carrossel de dois andares perto da girafa, talvez o mais belo da cidade. O zoo tem lugar para comprar lanches para as crianças. Para os maiores, o passeio noturno pode ser uma aventura bem diferente.

> **CONSEJOS ÚTILES**
>
> Em frente ao zoológico, você pode dar um passeio nos "mateos", as carroças puxadas por cavalos que percorrem a região dos Bosques de Palermo.

PARQUE TRES DE FEBRERO
DOMINGO NO PARQUE

Os Bosques de Palermo começam na quadra do Jardín Japonés, seguem em direção ao Rosedal e vão mais adiante. Oficialmente chamada de Parque Tres de Febrero, essa área verde foi desenhada pelo paisagista francês Carlos Thays. Nos fins de semana e feriados fica movimentada, com gente tomando sol, bebendo mate e jogando conversa fora. Algumas ruas são fechadas para as pessoas caminharem, andarem de bicicleta, velocípede ou patins. Quem ainda está aprendendo a andar de bicicleta ou está tirando as rodinhas deve tomar cuidado com o trânsito de pessoas, ciclistas, patinadores e cachorrinhos, que se misturam na ciclovia.

Dê uma volta no trecho entre a Avenida del Libertador e a Sarmiento, em volta do Rosedal, no coração do parque, que dá uns 1.600 metros. Comece o passeio entrando pelo Rosedal, um roseiral que fica colorido e perfumado durante a primavera, quando mais de 12 mil rosas se abrem! Entre os seus atrativos, está a ponte de madeira, uma construção de 1914 inspirada no desenho do arquiteto Benito Carrasco. Aviso às mamães que levam carrinhos: o chão de lá é cheio de pedrinhas. Você precisará de ajuda para empurrar o carrinho enquanto caminha com seu bebê no colo para evitar que o pequeno fique chacoalhando! Do outro lado da ponte, há bicicletas para alugar e aqueles quadriciclos para o papai pedalar enquanto os pequenos dirigem. Vocês também podem dar uma volta de pedalinho ou de bote no lago. Pode ser uma volta pequena, o suficiente para proporcionar grandes emoções aos pequenos.

ROSEDAL
Avenida del Libertador e Avenida Sarmiento.

- Das 8h às 20h, no verão.
- Das 9h às 18h, no inverno.
- Programa para toda a família.

JARDÍN JAPONÉS
Avenida Figueroa Alcorta e Avenida Casares.

- Todos os dias, das 10h às 18h.
- Programa para toda a família.

> **CONSEJOS ÚTILES**
>
> Dentro do Rosedal há banheiros e perto dali há quiosques que vendem refrigerantes e biscoitos de pacote para segurar a onda da galerinha até a hora do almoço.

JARDÍN JAPONÉS
PROGRAMINHA ZEN

O *Jardín Japonés* é uma opção muito agradável de programa ao ar livre com as crianças em dias de céu azul. É um lugar tranquilo, com pequenas pontes vermelhas construídas no estilo oriental que atravessam um lago cheio de carpas grandes e famintas. Um quiosque, logo na entrada, vende coisinhas para um lanche rápido e saquinhos com comida para os peixes, que se "acotovelam" abrindo a boca.

Vale a pena dar comida aos peixes, pois o programa fica com outra cara. Os caminhos são de asfalto, ótimos para os carrinhos. Há bancos para os pais se sentarem enquanto os pequeninos tomam sol nas pernas. O Jardín Japonés, mantido pela Fundación Cultural Argentino Japonesa, fica em Palermo Botánico, perto do zoológico e do Rosedal.

www.jardinjapones.org.ar

CALESITAS
O CARROSSEL DOS VELHOS TEMPOS!

Em vários parques e praças você vai encontrar as famosas calesitas, como são chamados, em espanhol, os tradicionais carrosséis. Desde 25 de novembro de 2008, 30 calesitas foram declaradas patrimônio da cidade. Como as árvores, passaram a ser uma parte inseparável das praças. As outras foram nomeadas em caráter de interesse cultural. Ao virarem patrimônio, não podem ser retiradas das praças. Geralmente, são pequenas e bem simples, o que deixa o programa com cara mesmo de brincadeira de antigamente. Tem na praça de Palermo Viejo, no Parque Las Heras e na Plaza Emilio Mitre, na Recoleta. Mas a maior e mais bonita, de dois andares, está no zoológico da cidade.

CLUB DE AMIGOS
O CLUBE AMIGO DA CRIANÇA

Quando fazemos turismo, não costuma passar pela nossa cabeça visitar clubes. Até porque, geralmente, há restrições para quem não é sócio. Mas se você está de passagem por Buenos Aires, a sugestão é dar um pulo no *Club de Amigos*. De segunda a sexta-feira, visitantes podem entrar mediante o pagamento de uma módica quantia e não é necessário estar acompanhado de sócio. Nos fins de semana e feriados, somente sócios podem entrar.

O clube fica em Palermo, em frente ao Jardín Japonés. Depois de conhecer o Jardín, atravesse a rua e vá almoçar ou lanchar no clube. O restaurante tem menu para crianças, com várias opções de comidas benfeitas e saudáveis. Há um parquinho agradável com brinquedos de madeira, sombras de árvores para os menores e outro para quem já é um pouco grandinho e gosta de mais aventura, com brinquedos mais altos. Deixe as crianças gastando energia enquanto você repõe a sua com um suco ou uma salada no restaurante com mesas ao ar livre. Em 2008, o clube ganhou o Prêmio Nacional de Qualidade por sua gestão inovadora com uma estratégia centrada na excelência. As instalações são muito bem cuidadas. Aproveite para usar os banheiros.

BRINCANDO NA PRAÇA

Algumas praças de Buenos Aires são muito agradáveis para uma manhã ou fim de tarde de tempo bom. No verão, os portenhos costumam se

---

CALESITAS
Em Palermo: Plaza Palermo Viejo, Parque Las Heras, Zoológico.
Na Recoleta: Plaza Emilio Mitre.

- Nos dias de semana, algumas só abrem à tarde.
- Para crianças de até 6 anos.

CLUB DE AMIGOS
Figueroa Alcorta, 3885 – Palermo.

- De segunda a sexta-feira, das 8h às 23h.
- Fins de semana, das 9h às 21h.
- Programa para toda a família.

estirar na grama para tomar sol. Sugiro quatro que chamam a atenção pelos seguintes motivos: têm grades ao redor, estão bem cuidadas e não permitem a entrada de cachorros. Duas estão na região de Barrio Norte/Recoleta: Plaza Vicente López e Plaza Emilio Mitre. As duas têm bons parquinhos. A segunda tem ainda uma calesita. Em Palermo, ao lado do Jardín Japonés, tem a Plaza Alemania, com um parquinho básico e espaço verde para correr e gastar energia. A Plaza Intendente Casares, atrás do Jardim Botânico, foi inaugurada em 2010 e tem um parquinho legal.

FRAGATA SARMIENTO
O BARCO DE PUERTO MADERO

Uma volta em Puerto Madero pode ficar muito mais interessante para as crianças com uma parada na Fragata Sarmiento, que fica no Dique 3. O Buque Escuela foi construído pela Grã-Bretanha para a Argentina e realizou viagens de instrução ao redor do mundo entre 1899 e 1939. Desde então, foi usada em viagens curtas para instrução de cadetes. Em 1961, o barco virou museu da Marinha argentina e foi declarado Monumento Histórico Nacional. É bem divertido andar pelo barco e ver o mobiliário original conservado, além de outros objetos que contam um pouco de sua história.

CAMINITO EM LA BOCA
O CARTÃO-POSTAL
DAS CASINHAS COLORIDAS

Um dos principais cartões-postais da cidade, Caminito é a rua de casinhas coloridas de chapas de zinco no bairro de La Boca. De apenas 100 metros, a rua foi criada pelo pintor argentino Benito Quinquela Martín, que se inspirou nas cores fortes dos barcos que ancoravam nas margens do Riachuelo. Hoje é um museu a céu aberto e lugar para turistas. É um cantinho que você visita em minutos, o suficiente para ver um casal dançando tango no meio da rua, olhar pinturas inspiradas nas cores do lugar, caricaturas, estátuas vivas e até sósias do Maradona a postos para tirar uma foto a qualquer momento. Por um trocado, claro! A *Fundación Proa* é um lindo centro cultural, com um bom café na cobertura, banheiros limpos e livraria.

www.proa.org

DIQUE 3 – PUERTO MADERO
A entrada é baratinha, sendo que menores de 5 anos não pagam. Evite horários muito quentes e dias de muita chuva.

- *De domingo a sexta-feira, das 9h às 22h. Aos sábados, das 9h às 23h.*

- *Programa para toda a família.*

FUNDACIÓN PROA
Avenida Pedro de Mendoza, 1929.

- *De terça a domingo e feriados, das 11h às 19h. Fechada às segundas-feiras.*

- *Programa para toda a família.*

PEDALANDO PELA CIDADE

Uma maneira interessante de conhecer Buenos Aires é pedalando em família. A *Bicicleta Naranja* aluga bikes (com capacetes e cadeados) e faz tours organizados, desde San Telmo ou Palermo. São quatro tipos de tours com guias: Sul, Norte, Aristocrático ou Bosques e Lagos. Todos duram de três a quatro horas e, dizem eles, não precisa de muito esforço físico, até porque Buenos Aires é uma cidade plana e conta com ciclovias em algumas partes. O aluguel pode ser feito por hora, por dia ou por semana. Tem bicicletas duplas – para duas pessoas pedalarem juntas –, e para crianças, além de bicicletas com cadeirinha para levar o pequenino junto.

Para os empolgados que gostam de museus, a dica é fazer a Milha dos Museus de bicicleta. A milha portenha é uma rede de 15 museus públicos e privados. Começa na Torre Monumental, em Retiro, vai até o Museo de Artes Plásticas Eduardo Sívori, passando pelo Museo de Arte Latino-americano – Malba –, em cerca de 40 quadras. Os museus estão

www.labicicletanaranja.com.ar

LA BICICLETA NARANJA
Pasaje Giuffra, 308 – San Telmo.

🕘 *Todos os dias, das 9h às 19h.*

Nicaragua, 4825 – Palermo.

🕘 *Todos os dias, das 11h às 19h.*

👨‍👩‍👧 *Programa para toda a família.*

👤 *Os tours são indicados para crianças a partir de 12 anos.*

identificados com cartazes amarelos na porta. O trajeto principal é feito pelas avenidas Libertador e Figueroa Alcorta, que são largas e possuem ciclovias, passando pelos bairros de Retiro, Recoleta e Palermo. É claro que não precisa visitar todos os museus, mas, para quem quiser completar o passeio, a sugestão é fazer a milha em dois ou três dias.

PASSEIO DE ÔNIBUS AMARELO
PARA POUPAR AS PERNAS!

O itinerário do ônibus amarelo (*Buenos Aires Bus*) passa pelos principais pontos turísticos de Buenos Aires e dá uma geral nos bairros mais atraentes para quem está visitando a cidade. Os ônibus saem a cada meia hora e você pode descer num ponto, visitar o que tiver vontade e pegar o próximo ônibus. Mas atenção: é difícil cumprir o horário das paradas em dias de semana, quando o trânsito da cidade não dá trégua. Por isso, prefira fazê-lo nos fins de semana ou nos meses de férias escolares. O tour completo, sem descer em lugar nenhum, dura duas horas e 45 minutos sem trânsito e faz 11 paradas. Pode ser longo demais para crianças pequenas, por isso, as paradas são ideais.

O ponto de partida é no centro da cidade, na Rua Florida com Diagonal Norte. Com um fone de

www.buenosairesbus.com

ouvido, você escuta uma gravação em português com a história dos lugares.

O tour começa na Plaza de Mayo, onde está a Casa Rosada, a Catedral, o Cabildo. Então segue para o Congresso, passando na porta do tradicional Café Tortoni, que tem churros, shows diários de tango e filas de brasileiros na porta. Depois de Montserrat, passa ao lado de San Telmo (as ruas de paralelepípedos do bairro são pequenas demais para o ônibus). Dali faz uma parada em frente ao Museo de la Pasión Boquense, em La Boca, e outra em frente ao Caminito e à Fundação Proa.

Depois vai para a Costanera Sur e Puerto Madero, onde se pode parar para almoçar. De lá, vai direto para os Bosques de Palermo. Tem uma parada em frente ao Rosedal e outra perto do zoológico. Em seguida, volta para a Recoleta e para em frente à feirinha de artesanato dos fins de semana.

O bilhete pode ser comprado no próprio ônibus, na internet ou nos Centros de Información Turística de Buenos Aires. Com ele, você ganha um mapa para acompanhar o itinerário e os horários de chegada e saída em cada local.

> **CONSEJOS ÚTILES**
> • • • • • • •
> Saiba que a fila começa cedo e você pode correr o risco de não conseguir embarcar no próximo ônibus. A maioria das pessoas corre para o andar de cima. Em dias muito frios e chuvosos, o ônibus ganha uma cobertura.

ANOTAÇÕES

ÔNIBUS AMARELO
Início na Diagonal Norte e Florida.

🕐 *Duração do percurso: 2h45.*

🕐 *De junho a novembro e nos feriados, a primeira partida acontece às 9h.*

🕐 *Na baixa temporada, às 9h30. A última saída é às 17h30.*

👪 *Programa para toda a família.*

museus
para todos os gostos e idades

Buenos Aires tem museus para várias idades. Tem um museu feito especialmente para as crianças, museu de dinossauro, de ciências, de marionetes, de brinquedos de antigamente. E muitos outros, claro. Geralmente abrem à tarde e podem ser um bom programa para depois do almoço. Uma vez por ano, os museus abrem as portas de graça durante La Noche de los Museos (ver pág. 22).

MUSEU DA CRIANÇA
NO BAIRRO DE GARDEL

O *Museo de los Niños* é uma grande brinquedoteca temática no bairro de Carlos Gardel. Fica dentro do Abasto Shopping, um lindo prédio do início do século 20, onde funcionou o primeiro mercado de frutas da cidade. A ideia é brincar de ser gente grande: médico, caixa de supermercado, pedreiro, frentista, motorista de ônibus, jogador de futebol, jornalista de televisão ou radialista, entre outros.

O passeio é indicado para crianças de até 12 anos. Como toda brinquedoteca, é melhor evitar os horários de pico, como domingo à tarde. A sugestão é chegar cedo, na hora em que se abrem as portas. Conheça, junto com seu filho, cada cantinho. Deixe que ele demonstre curiosidade e pare em algum ambiente. Não adianta forçar a barra. São dois andares e tem muita coisa para ver. Para os meninos que gostam de futebol, o ponto forte é o espaço que reproduz um estádio, com direito a arquibancada e microfone para narrar os jogos. Aperte os botões e surgem gritos da torcida e o apito do juiz para dar

www.museoabasto.org.ar

MUSEO DE LOS NIÑOS
Avenida Corrientes, 3247, Nível 2.

- De terça a domingo e feriados, das 13h às 20h.
- Para crianças de até 12 anos.
- O Shopping Abasto aluga carrinhos para bebês de até 2 anos de idade.
- O shopping é ideal para toda a família.

um ar de partida ao vivo. Para as meninas, o supermercado com carrinhos pequenos e o espaço do pediatra chamam bastante atenção.

No mínimo, você gastará uma hora lá dentro, se for andando rápido. Pode deixar o lanche para depois. O museu fica no andar da praça de alimentação do shopping e, com certeza, vocês vão sair de lá com fome.

> **CONSEJOS ÚTILES**
>
> *Do outro lado da praça de alimentação tem a Neverland, a brinquedoteca do shopping, com roda-gigante e tudo. Não menospreze a energia dos pequenos ou terá que encarar brinquedos tudo de novo.*

MUSEO PARTICIPATIVO DE CIENCIAS
É PROIBIDO NÃO TOCAR!

Entrar num museu com crianças onde está escrito em todos os cartazes que é "proibido não tocar" é um grande alívio. O *Museo Participativo de Ciencias – Prohibido no tocar* fica dentro do Centro Cultural Recoleta, na Calle Junín, nº 1930. Um aviso diz que é indicado para curiosos de 4 a 100 anos. É claro que os pequeninos são bem-vindos e também vão querer mexer em tudo, mas não terão a menor noção dos mecanismos das experiências. As crianças ficam soltas, bem à vontade. Para aquelas um

www.mpc.org.ar

MUSEO PARTICIPATIVO DE CIENCIAS
Junín, 1930.

- Em época de aulas: de segunda a sexta-feira, das 10h às 17h.
- Sábados, domingos e feriados, das 15h30 às 19h30.
- Durante as férias de inverno: de segunda a sexta-feira, das 12h30 às 19h30.
- Durante as férias de verão: todos os dias, das 15h30 às 19h30.
- Para crianças a partir de 4 anos.

pouco maiores, que já têm aula de Física na escola, é uma bela oportunidade para aprender brincando, até porque há guias que podem tirar dúvidas. Para os menores, a sala dos espelhos chama a atenção e mais ainda a do áudio e som. Você pode assistir a uma apresentação sobre eletricidade estática, ver o cabelo de uma menina levantar e uma lâmpada na mão de outra acender. Tem gente pequena que vai ficar intrigada e começar a perguntar um monte de coisas. Outras, mais resignadas, podem pensar que é mágica. Mas todas saem com a sensação de que viram coisas diferentes!

CONSEJOS ÚTILES

Fica ao lado do Cemitério da Recoleta, o primeiro cemitério público da cidade, inaugurado em 1822, com mais de quatro mil mausoléus. No cemitério, que virou ponto turístico, estão enterradas importantes figuras argentinas, como Evita, cujo túmulo é o mais visitado. É só para quem achar que não vai atrapalhar o sono à noite. Outra opção ao lado da entrada do cemitério é a Iglesia del Pilar, uma pequena e simpática igreja popular entre os portenhos para casamentos e batizados.

MALBA
O QUADRO DO PÉ GRANDÃO!

O *Museo de Arte Latinoamericano de Buenos Aires* (Malba) é uma construção nova, com ares modernos, no bairro nobre de Palermo Chico. Abriu suas portas em 2001 para apresentar uma coleção permanente de arte do século 20. O museu não é muito grande e vale uma visita com as crianças. As obras mais importantes estão em paredes verdes e é nelas que você deverá concentrar sua caminhada. Pergunte o que eles acham do autorretrato da mexicana Frida Kahlo e do "Abaporu", da brasileira Tarsila do Amaral. Este foi comprado por US$ 1,5 milhão e é um dos quadros mais importantes do museu, raramente emprestado para exposições fora dali.

Não deixe de mostrar "Os Viúvos", do colombiano Fernando Botero. Pode ser que alguém se identifique com o bebê que toma a mamadeira. "A Manifestación" e "La Gran Tentación", do argentino Antonio Berni, vão arregalar olhinhos. As obras "Un Habitat para um Pez", que tem um aquário com um peixinho de verdade, e "Skater", um bicho de espuma em um skate dos Power Rangers, são outras que podem despertar olhares curiosos.

www.malba.org.ar

CONSEJOS ÚTILES

Não há cordinhas separando o público da obra, portanto, tem que ter cuidado com demonstrações mais efusivas de contentamento, ou seja, evitar dedinhos nos quadros!

Aos domingos, costumam ocorrer visitas guiadas para crianças de 4 a 10 anos acompanhadas por um adulto. O percurso termina com uma oficina para os pequenos realizarem suas próprias obras de arte. As entradas são limitadas e começam a ser vendidas a partir do meio-dia. A visita começa às 5 da tarde.

A Tiendamalba, lojinha do museu, tem sempre coisas interessantes, como cadernetas, postais e objetos de design. No andar inferior, procure a prateleira com livros de arte para crianças.

O Café des Arts pode ser uma boa pedida para antes ou depois da visita. Apesar de não ter menu infantil no cardápio, o garçom pode oferecer uma massa especial para os pequenos. Saladas, carnes e deliciosas opções para o lanche, com destaque para o enorme e saboroso Croque Monsieur.

MUSEO DE ARTE LATINOAMERICANO DE BUENOS AIRES
Avenida Figueroa Alcorta, 3415.

- De quinta a segunda-feira e feriados, das 12h às 20h.
- Quarta-feira, das 12h às 21h. Fechado às terças-feiras.
- O museu empresta carrinhos de bebê.
- Reservas para o café: 54-11-4808-0754.
- Programa para toda a família.

MUSEO NACIONAL DE BELLAS ARTES
Avenida del Libertador, 1473.

- De terça a sexta-feira, das 12h30 às 20h30.
- Sábados, domingos e feriados, das 9h30 às 20h30.
- Entrada gratuita.
- Programa para toda a família.

MUSEO NACIONAL DE BELLAS ARTES
DA IDADE MÉDIA AO SÉCULO 20

O imponente prédio avermelhado com altas colunas chama a atenção de quem passa pela Recoleta. O *Museo Nacional de Bellas Artes* (MNBA) está localizado num prédio onde funcionou a antiga Casa de Bombas, em 1870. Hoje, abriga obras de arte que vão desde a Idade Média até o século 20.

Ao contrário do Museo Participativo de Ciencias – Prohibido no tocar, praticamente do outro lado da rua, aqui é proibidíssimo tocar. Guardinhas em todas as salas ficam a postos para afastar quem chega um pouco mais perto para ler as plaquinhas ao lado das obras. Não tem cordinha nem proteção de vidro para proteger algumas pinturas de séculos atrás, portanto, as crianças pequenas devem ficar sob rigoroso controle.

A dica é circular pelas salas no ritmo das crianças. Repare no que chama a atenção delas. Pode ser uma escultura gigante, um tapete do tamanho do seu apartamento ou uma pintura engraçada de um artista famoso.

Tem Monet, Manet, Picasso, Van Gogh, Renoir... isso para ficar entre os mais conhecidos. Não deixe de mostrar a escultura "O Beijo", de Rodin, e reparar no detalhe dos músculos fielmente esculpidos pelo artista no século 19. Também vale uma volta na Sala de Arte Precolombiana Andina. Aos sábados, costuma haver visita guiada para crianças.

www.mnba.org.ar

MUSEO DE LA PASIÓN BOQUENSE
PARA OS APAIXONADOS POR FUTEBOL!

www.museoboquense.com

O time do Boca está para os portenhos assim como o Flamengo está para os cariocas. A equação é simples assim. E este é o museu dedicado à equipe. Há diferentes opções de visitas. Você pode simplesmente percorrer o museu e entrar no estádio, chamado de Bombonera, ou fazer uma visita mais detalhada aos vestiários e aos lugares mais exclusivos da plateia. Não perca um filminho de oito minutos em 360 graus projetado num pequeno auditório em forma de bola de futebol. No caminho para o segundo andar, veja a interessante maquete do bairro da Boca, com jogo de luzes e som nas janelas das casinhas idênticas às da vida real. Entre os vários objetos históricos, troféus, bandeiras e até mesmo uma camiseta que Pelé deu a Antonio Rattin em meados da década de 1960, quando o Boca enfrentou o Santos.

A entrada do *Museo de la Pasión Boquense* é estrategicamente pela lojinha de souvenires, que vende de tudo nas cores do time: azul e dourado. Tudo mesmo. Copos, canecas, bandeiras, camisetas, bonés, lençóis de berço, tapete, bola, casaco e até máquina fotográfica descartável para quem ficou sem bateria e não pode ficar sem uma foto com a estátua de Maradona.

MUSEO DE LA PASIÓN BOQUENSE
Brandsen, 805, a duas quadras a pé de Caminito.

- Aberto diariamente, das 10h às 18h.
- O horário muda em dias de jogos.
- Programa para toda a família.

MUSEO DE CIENCIAS NATURALES
O MUSEU DOS DINOSSAUROS

A Argentina é um dos lugares mais ricos das Américas em relíquias pré-históricas. Quem não tem tempo ou disposição para ir até La Plata conhecer o museu de ciências naturais, considerado um dos mais importantes desse tipo no mundo, tem uma opção bem mais próxima. O *Museo Argentino de Ciencias Naturales Bernardino Rivadavia* fica em Buenos Aires. É um prédio público, antigo, sem sofisticação, com algumas partes em reforma, mas as crianças adoram.

Talvez não seja tão deslumbrante quanto o de La Plata, mas cumpre bem ao que se propõe. Comece pela sala de geologia, passe pelo aquário, veja a réplica do grande tubarão e chegue à sala da paleontologia. Os esqueletos de dinossauros são, sem dúvida, a grande atração. Com uma caixa de areia ao lado dos enormes bichos pré-históricos, o museu convida as crianças a terem seus cinco minutos de paleontólogas. O objetivo é usar os pincéis disponíveis para "cavar" e "encontrar" os grandes ossos dos animais "escondidos" na areia.

Não deixe de fazer uma visita ao miniplanetário, indicado para crianças a partir de 4 anos, com sessões de 20 minutos a cada hora.

www.macn.secyt.gov.ar

MUSEO DE CIENCIAS NATURALES
Avenida Angel Gallardo, 470 – Parque Centenario.

🕐 *Aberto todos os dias, das 14h às 19h.*

👪 *Programa para toda a família.*

MUSEO EVITA
O MUSEU, O CAFÉ E O GATO

Um pequeno prédio construído em 1910 para ser um petit hotel conta um pouco a história de Eva Perón, a Evita. A casa foi comprada pela Fundação de Ajuda Social María Eva Duarte de Perón, em 1948. Em 2007, o lugar foi declarado Monumento Histórico Nacional. O *Museo Evita* fica em Palermo e não costuma estar em guias para crianças. Mas ele tem poucas salas, não é cansativo e pode ser um programa interessante. O museu tem objetos e filmes. Mostre aos pequenos alguns brinquedos da época, como uma boneca de porcelana e um carro em miniatura.

Depois vem a história da casa como Hogar de Tránsito nº 2, um lugar de assistência social para mulheres. A cozinha, toda equipada como na época, é parada obrigatória. Tem visita guiada em português, mas talvez as crianças não tenham muita paciência para encará-la, porque o passeio fica muito mais demorado. Leia alguma coisa dos textos nas paredes, que já dão uma boa ideia da história.

www.museoevita.org

CONSEJOS ÚTILES

O restaurante tem entrada separada pela rua ao lado. Não é preciso passar pelo museu. Pode ser uma boa pedida para antes ou depois do zoológico, que fica a uma quadra dali.

No final tem uma entrada para o restaurante estilo anos 1940, com muitas fotos de Evita nas paredes. O lugar é charmosinho e point de senhorinhas emperequetadas no inverno na hora do chá, mas sempre vale porque a comida é muito saborosa. Quando o tempo está bom, tem mesas do lado de fora e gente mais descolada. Peça um chá ou café com torradas. O pão é maravilhoso. Para as crianças, peça um submarino ou um licuado com um scone ou sanduíche.

O lugar é pet friendly. Interessante é tomar um café da manhã de domingo em dias agradáveis. Você verá cachorros de várias cores e tamanhos acompanhando os donos na primeira refeição do dia. Todos muito bem comportados, por supuesto. Tem ainda o gato cinza do próprio restaurante, que costuma ficar por ali para dar as boas-vindas. Poderá encontrá-lo acompanhando sua refeição escarrapachado em alguma cadeira, transformando-se em atração para a criançada.

MUSEO EVITA
Lafinur, 2988.

- De terça a domingo, das 11h às 19h.
- *Programa para toda a família.*

RESTAURANTE MUSEO EVITA
J.M. Gutierrez, 3926.

- *De segunda a sábado, das 9h até fechar.*
- *Aos domingos, das 9h às 19h.*
- *Programa para toda a família.*

MUSEO DE LA CIUDAD E **FEIRA DE SAN TELMO**
JUEGOS DE AYER – DO TEMPO DA VOVÓ

A exposição permanente no *Museo de la Ciudad* conta com apenas duas salas no segundo andar de uma casa antiga na Rua Defensa, 219, em San Telmo. O ar um pouco decadente dá um certo charme ao lugar. Em dez minutos as crianças conhecem velocípedes e carrinhos de ferro que eram usados para levar a boneca de porcelana para passear, além de cozinhas de brinquedo, soldadinhos de chumbo e Playmobil, que voltou a estar na moda entre as crianças!

Ao longo da Rua Defensa, há ambulantes vendendo um pouco de tudo para turistas, até chegarmos, nove quadras depois, à Plaza Dorrego, onde acontece a tradicional Feira de San Telmo aos domingos. Mostre como eram usadas coisas que hoje

www.museodelaciudad.buenosaires.gob.ar

CONSEJOS ÚTILES

A caminhada do museu até a feira é longa. São nove quadras. Se aguentarem ir a pé, a sugestão é parar no meio do caminho, cinco quadras depois, na esquina com a Rua Chile, para tirar uma foto com a Mafalda, que fica sentadinha num banco de praça esperando o clique da sua câmera.

viraram objetos de decoração e faça descobertas interessantes junto com seus filhos. Um latão de leite, uma vitrola, um disco de vinil da turma do Chaves. Fique atenta a essas "novidades" e mostre-as aos seus filhos. As ruas ficam cheias nos fins de semana. Tem muita gente caminhando espremida entre os tabuleiros. Não é indicado levar carrinhos de bebês, porque as ruas são de paralelepípedos e as calçadas ficam ocupadas pelos ambulantes. Caminhe de mãozinha dada e você poderá topar com uma estátua viva ou mostrar de perto um casal dançando tango e um músico tocando bandoneón.

MUSEO DE LA CIUDAD
Defensa, 219, entre Alsina y Moreno.

- Todos os dias, das 11h às 19h.
- A entrada é gratuita.
- Programa para toda a família.

FEIRA PLAZA DORREGO

- Aos domingos, a partir das 10h.
- Programa para toda a família.

MUSEO DEL TRAJE E MUSEO DEL TÍTERE

Se estiver caminhando por San Telmo, saiba que, assim como o Museo de la Ciudad, há outros dois museus igualmente pequenos, simples e com entrada franca, que também podem ser interessantes aos olhos das crianças. O *Museo del Traje* recebe a visita de pequenos que estão na fase de aprender o que é ontem e o que é hoje. Numa casa antiga, a mostra fica em apenas uma sala comprida, dividida em ambientes, onde estão expostos trajes desde o século 17. Há roupas, acessórios e alguns brinquedos. Chamam a atenção das crianças os trajes infantis, com roupas de 1900, e esportivos, como o short boxer de Oscar Casanovas, que ganhou medalha de ouro no boxe nos Jogos Olímpicos de Berlim, em 1936.

O *Museo del Títere* fica bem perto do Museo del Traje e expõe marionetes de vários países em uma sala pequena de uma casa de época. Em uma pequena sala ao lado, há um teatro simples com cadeiras de fibra, onde são encenadas peças de teatro de bonecos para as crianças.

www.funmuseodeltraje.com.ar

www.museodeltitere.com.ar

MUSEO DEL TRAJE
Chile, 832.

🕒 *De terça-feira a domingo, das 15h às 19h.*
👪 *Programa para toda a família.*

MUSEO DEL TÍTERE
Piedras, 905.

🕒 *De terça-feira a domingo, das 15h às 18h.*
👪 *Programa para toda a família.*

PLANETÁRIO
MIRÁ EL CIELO!

Aos 6 anos, as crianças aprendem na escola sobre o sistema solar e começam a ter noção de que o Sol é uma bola quente, que a Terra gira, que existem outros planetas pelo espaço. É a fase em que começam as inúmeras perguntas na hora do banho ou antes de dormir, do tipo: quantos anos tem a Terra, quem foi o primeiro homem que nasceu, de onde viemos, para onde vamos e outras questões difíceis de responder.

No *Planetário*, que fica nos Bosques de Palermo, as crianças podem assistir a um filme sobre o novo sistema solar em uma grande sala circular e começar a encontrar respostas para algumas das difíceis perguntas. A projeção na cúpula dá a sensação de que você está deitada na grama, olhando para o céu. O filme resume cinco bilhões de anos em uma hora e fala um pouco sobre cada astro, das recentes descobertas de planetas-anões e outras curiosidades. São quatro sessões aos sábados e outras quatro aos domingos. O espetáculo é para todo o público, mas para os miúdos pode ser cansativo. O Planetário tem ainda uma exposição permanente com meteoros e observação com telescópio.

www.planetario.gob.ar

PLANETÁRIO
Av. Sarmiento y Belisario Roldán – Palermo.

Filme: O Novo Sistema Solar.

- De terça a sexta-feira, às 16h30.
- Aos sábados e domingos, às 14h, 15h, 16h30 e 18h.
- A partir de 6 anos.

livrarias

Buenos Aires é conhecida como a cidade das livrarias e um passeio pelos livros pode ser uma boa dica para desacelerar a criançada. São mais de 400 livrarias e várias têm espaços infantis. Há ainda as livrarias dos shoppings, com espaço para as crianças, que podem ser uma boa parada depois de uma volta pelas lojas. Como costumam ficar no último piso, dê uma geral pelos andares até chegar lá.

As livrarias portenhas têm muitos títulos parecidos com os que se encontram no Brasil, só que em espanhol, claro. Vale mostrar para seus filhos que pessoas em diferentes países leem os mesmos livros. Eles se surpreendem ao ver capas de livros conhecidos, muitos iguais aos que têm nas prateleiras de casa, em outro idioma. Há livrinhos com músicas, com dobraduras e muita página colorida para folhear.

> **AJUDA SABER, EM ESPANHOL:**
>
> **Chapeuzinho Vermelho** é Caperucita Roja
> **Cinderela** é Cenicienta
> **Bela Adormecida** é La Bella Durmiente
> **A Bela e a Fera** é La Bella y la Bestia
> **Branca de Neve e os Sete Anões** é Blancanieves y los siete enanos
> **Os Três Porquinhos** é Los Tres Chanchitos
> **Homem-Aranha** é Hombre Araña
> **Ben-10** é Ben Diez

Aproveite para mostrar um pouco da cultura infanto-juvenil argentina. Procure CDs com as músicas de Maria Elena Walsh, que são cantadas no jardim de infância e inclusive por outros intérpretes, como Adriana Szusterman, conhecida apenas por Adriana, uma ex-professora de jardim que ganhou fama ao lado de Pepe, o sapo verde (ver pág. 24).

Luis Pescetti é indicado para quem tem conhecimentos de espanhol. O artista é divertido, faz shows e conta piadas para as crianças. Magdalena Fleitas, Pipo Pescador e a Banda Musiquero Loco são outros artistas populares entre as crianças.

Na seção de livros, conheça "Perdidos en Argentina", da V&R Editora, escrito por Alexiev Gandman, mesmo autor de "Perdidos no Brasil" e responsável pela arte do programa "Art Attack", do

Disney Channel. Além de passatempo para momentos de espera, o livro ajuda a conhecer um pouco sobre a Argentina de maneira divertida. Tem ainda "Buenos Aires para Chicos y para Grandes", de Gabriela Kogan & Janine Smirnoff, da Editora deDios, que mostra Buenos Aires numa linguagem leve. As editoras Alfaguara, Fondo de Cultura Económica e Sudamericana têm bons títulos, além de outras menores, como a Una Luna e a Brujita de Papel. A Albatros e a Campoestrellado têm livros de arte para crianças, com histórias e desenhos de artistas famosos para colorir.

ATENEO GRAND SPLENDID
O TEATRO DOS LIVROS

Essa é uma das livrarias mais conhecidas de Buenos Aires. Vale muito a pena levar as crianças até lá, pois ela fica num antigo teatro do início do século 20, chamado Grand Splendid. No átrio central, onde ficava a plateia, estão as estantes com os livros. Olhe para cima, mostre a pintura do teto e viaje com seu filho, tentando imaginar como os pintores chegaram tão alto. Mostre os andares de cima, que também estão cheios de livros, e os camarotes, com pessoas lendo em confortáveis poltronas.

ATENEO GRAND SPLENDID
Avenida Santa Fé, 1860.

- De segunda a quinta-feira, das 9h às 22h.
- Sexta e sábado, das 9h às 24h.
- Domingo, das 9h às 22h.

No andar inferior tem um espaço só para livros infantis e juvenis, o Ateneo Junior. Uma dica para sair de lá sem choradeira é deixar o lanche para depois dos livros. Tem um café no lugar do palco. Enquanto toma o seu expresso, peça para os pequenos um submarino – leite quente com uma barra de chocolate – e uma medialuna. Repare na grande cortina vermelha, conte que estão lanchando num palco de verdade. Curta os detalhes e, com certeza, será um programa inesquecível.

ETERNA CADENCIA

"Há algo mágico: eu continuo comprando livros. Não posso lê-los, mas a presença dos livros me ajuda... essa gravitação silenciosa, sentir que estão aí." Parece que Jorge Luis Borges entende as mães ocupadas, que anseiam apenas por minutos de paz para lerem duas páginas sem interrupção. E, enquanto isso não acontece, os livros se amontoam na mesinha de cabeceira. Ainda mais quando se entra em uma livraria como a *Eterna Cadencia*, que fica numa linda casa em Palermo. Dá vontade de olhar e olhar, e comprar e comprar. Há poltronas e cantos simpáticos para folhear histórias. Logo na entrada ficam os livros infantis e, lá no fundo, encontra-se uma seção com belos livros de culinária. No pátio interno, um café com charme oferece medialunas, cookies e brownies na hora do lanche.

www.eternacadencia.com.ar

LIBROS DEL PASAJE

Lembra do filme "Mensagem para Você" (You've Got Mail), uma comédia romântica de 1998 com a Meg Ryan e o Tom Hanks? Ela tinha uma pequena e aconchegante livraria infantil onde contava histórias para crianças que se amontoavam num canto entre as prateleiras. São livrarias assim, pequenas e charmosas, que pipocam por todos os cantos em Buenos Aires.

A *Libros del Pasaje* é uma delas e fica em Palermo Soho. Logo na entrada, encontra-se um cantinho com livros infantis. Nas prateleiras, a divisão está feita por idade, começando pelos bem pequenos. Em alguns sábados, há narração de contos. Uma visita a esse lugar é também um programa muito agradável para os pais. Você pode deixar seu filho ouvindo as narrações de contos, que às vezes acontecem no pátio interno, e folhear outras histórias enquanto toma um café nos fundos da livraria, no charmoso bar-restó. No cardápio há pizzas, sanduíches, saladas e postres. Repare na parede grande autografada pelos autores que visitam a loja. Dá vontade de ficar horas por ali.

www.librosdelpasaje.com.ar

ETERNA CADENCIA
Honduras, 5574, cruzando a linha do trem – Palermo Hollywood.

- De segunda a sexta-feira, das 11h30 às 21h.
- Aos sábados, das 11h30 às 20h. Fechada aos domingos.

LIBROS DEL PASAJE
Thames, 1762 – Palermo Soho.

- De segunda a sábado, das 10h às 22h.
- Domingos e feriados, das 14h às 21h.

BIBLIOTECA LA NUBE
PARA FICAR NAS NUVENS

Imagine uma biblioteca com mais de 60 mil títulos voltados para crianças. Agora, pense num espaço agradável, bem simples, cheio de mesinhas e cadeirinhas. Assim é a *La Nube*, que fica no bairro de Chacarita. Os livros estão divididos pelas idades dos leitores, assim, eles podem ir às estantes e pegar o que quiserem. Vale sentar-se no chão para viajar nas histórias dos livros junto com seus filhos. Há também algumas poucas preciosidades em português, como "O Joelho Juvenil", do Ziraldo, e "Tuca, Vovó e Guto", da coleção Gato e Rato.

Mas a La Nube é mais do que uma biblioteca. Além de livros e revistas, seus filhos vão encontrar vídeos, jogos, brinquedos lúdicos, marionetes e um clube do livro, para crianças a partir de 3 anos.

Ali participamos de atividades culturais em português do Projeto Saci-Pererê, coordenado por duas brasileiras, a Sonia e a Paola. O projeto itinerante tem narração de contos e jogos típicos do Brasil para manter as crianças pertinho de suas raízes. Quem nunca gostou de brincar de passar o anel? E de telefone sem fio? Mais informações, escreva para projetosaciperere@gmail.com

www.lanube.org.ar

LA NUBE
Jorge Newbery, 3537.

- *De segunda a sexta-feira, das 10h às 13h e das 15h às 19h.*
- *Sábados, das 10h às 13h.*

CLUB DEL COMIC
Montevideo, 255.

- *De segunda a sexta-feira, das 10h às 20h.*
- *Sábados, das 10h às 21h.*

CLUB DEL COMIC

Para os apaixonados por histórias em quadrinhos, esse é o lugar certo. Bonecos da Guerra nas Estrelas, camisetas do Tom e Jerry e muitas revistas para colecionadores. Ideal para quem quer acordar a criança que dorme aquela siesta dentro de si. Afinal, impossível não se maravilhar ao encontrar uma revistinha da Liga da Justiça ou do Popeye. Os gibis que você lia na sua infância estão ali. Só que em espanhol.

Há muita coisa mais antiga, das décadas de 1940, 1950 e 1960. Dá para pinçar uma revista amarelada do Tarzan, do Pateta e também do Zé Carioca. Para os jovens, há DVDs do Naruto e revistas de histórias japonesas, daquelas que se leem de trás para frente, os mangás. Para os menores, a procura é pelo Dragon Ball Z.

O *Club del Comic* começou há 25 anos, no entrepiso de uma livraria, depois foi para uma velha casa, até se instalar na Rua Marcelo T. de Alvear. Tempos depois, abriu outra loja num espaço maior, na Rua Montevideo. Além da Argentina, tem material de países da Europa e dos Estados Unidos. O dono conta que em janeiro, quando os portenhos viajam de férias, a loja mantém o movimento com a visita de gente de outras partes do país e de turistas do exterior, especialmente do Brasil.

www.clubdelcomic.com.ar

teatros

Assistir a peças de teatro pode ser uma forma divertida de colocar as crianças em contato com outro idioma. Na Avenida Corrientes, uma espécie de Broadway portenha, ficam o Opera Citi e o Gran Rex. Neles, montagens sofisticadas de musicais deslumbram o público infanto-juvenil. Passaram por ali "O Fantasma da Ópera", "A Bela e a Fera", "Chiquititas" e o grupo "Casi Ángeles", um furor entre as adolescentes. Os teatros menores também cativam os pequenos com peças simples e divertidas. Nos meses de férias escolares, há sessões diárias. A programação pode ser encontrada no caderno de espetáculos dos principais jornais e na Revista Planetário, um guia mensal voltado para o público infantil disponível em várias lojas.

www.revistaplanetario.com.ar

PASEO LA PLAZA

O *Paseo la Plaza* é uma travessa na Avenida Corrientes cheia de cafés e salas de teatro. À noite, é um costume local ver os shows de comédia em pé, nos cafés. À tarde, tem peças de contos de fadas adaptados com figurinos coloridos, bem do jeito que as crianças gostam. Nas peças encenadas dentro dos cafés (The Cavern Club, Terraza Teatro Bar, Colette), é possível fazer um lanchinho durante o espetáculo. Essa é uma boa dica para escolher um teatro em cima da hora porque os personagens ficam do lado de fora convidando as crianças para entrar. Pode ser que você se programe para ver a peça do Peter Pan e termine assistindo à história da escola de princesas.

TEATRO COLÓN

O enorme *Teatro Colón*, construído em 1908, é um ícone local. Sua acústica e o valor artístico da construção são reconhecidos mundialmente. Do lado de dentro, mármore, dourado, poltronas vermelhas e um lustre-aranha roubam a cena quando entramos no salão principal. O edifício ficou em reforma durante mais de três anos e reabriu com toda a pompa em 2010. Leve seus filhos para assistir a um espetáculo de balé à tarde ou a uma orquestra. Há ainda domingos de câmara, com apresentações de orquestra pela manhã, com entradas gratuitas que são retiradas horas antes, na bilheteria. Informe-se também sobre visitas guiadas.

LA GALERA

O pequeno e colorido teatro *La Galera*, do grupo Galera Encantada, fica em Palermo. Não tem lugar marcado e, em vez de cadeiras, existe uma arquibancada apropriada para crianças, de onde dá para todo mundo ver o palco direitinho. O grupo tem peças premiadas, como "María Elena", que conta a história da escritora María Elena Walsh, criadora de tradicionais músicas da infância argentina, como "Manuelita" e "Canción para Tomar el Té" (ver pág. 23).

www.teatrolagalera.com.ar

PASEO LA PLAZA
Avenida Corrientes, 1660.

TEATRO COLÓN
Cerrito, 628.

TEATRO LA GALERA
Humboldt, 1591, esquina com Gorriti.

CIUDAD CULTURAL KONEX

O espaço do *Ciudad Cultural Konex* era uma fábrica, construída em 1920, e mantém detalhes da arquitetura da época. É um lugar de gente alternativa, com eventos artísticos para jovens, com destaque para o grupo de percussão La Bomba del Tiempo. Também tem apresentações culturais para crianças.

TEATRO SAN MARTÍN

No *Teatro San Martín* há três salas de teatro, salões de exposição, cinema e salas de ensaio. O teatro tem companhias de atores, balé contemporâneo e o tradicional Grupo de Titiriteros, criado em 1977. Vale a pena ficar de olho nas peças do grupo, que também apresenta espetáculos para crianças em outros teatros.

www.ciudadculturalkonex.org

www.teatrosanmartin.com.ar

ANOTAÇÕES

CIUDAD CULTURAL KONEX
Sarmiento, 3131.

TEATRO SAN MARTÍN
Avenida Corrientes, 1530.

brinquedotecas

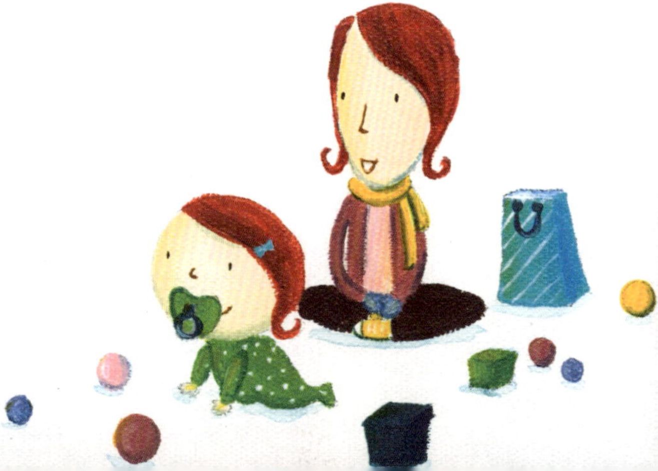

CASA DA BARBIE

A *Casa da Barbie* fica na Loja da Barbie, em Palermo, e é indicada para meninas na fase do tudo-cor-de-rosa, a partir dos 3 anos de idade. A Barbie nunca está lá, mas deixa tudo à disposição para as pequenas brincarem. São casinhas, carros e muitas bonecas. Há espaço com fantasias, aquelas cabeças de bonecas para pentear e uma passarela com globo de discoteca no teto. Para os meninos, foi montado um tímido espaço no mezanino com alguns brinquedos do Hot-Wheels, um mimo para quem vai acompanhar a irmã no programa. Na Loja da Barbie tem ainda o salão de beleza que faz a cabeça de meninas na faixa dos 7 e 8 anos. Cortam o cabelo, pintam uma borboleta no rosto e fazem as unhas. Também podem sair de lá com penteados de princesas, com direito a coroa e tudo. Para completar o programa, visite a Casa de Chá, com docinhos, tortas, balas e pirulitos cor-de-rosa na vitrine. Quando há festas de aniversário, a Casa da Barbie fecha as portas para quem não foi convidado. Portanto, para ninguém bater com o nariz na porta, é melhor informar-se antes.

www.barbie-stores.com

CASA DA BARBIE
Scalabrini Ortiz, 3170 – Palermo Botánico.

- De segunda a sábado, das 10h às 20h30.
- Aos domingos, das 13h às 20h.
- 3-12 Para meninas de 3 a 12 anos.

> **CONSEJOS ÚTILES**
>
> Há outra Loja da Barbie, mais nova, que abriu no shopping Unicenter, em Martínez. Ali a brinquedoteca não fica interditada quando há festas, mas também não tem atração para meninos.

MUNDO DISCOVERY KIDS

Pequenos que estão na fase do Lazy Town, Barney e Mister Maker vão adorar o *Mundo Discovery Kids*. No térreo, logo na entrada, montaram uma lojinha com vários produtos de personagens do canal. Uma cafeteria com cardápio simpático pode vir a calhar, com sanduíches, woks, sopas, quiches, chás e cafés, além de três opções de menu infantil com frango, mini-hambúrguer ou sanduichinhos de queijo e presunto.

No mezanino fica a brinquedoteca. Paga-se por meia hora ou uma hora de brincadeira. Se ficar mais tempo, tem direito a suco e muffin.

No andar superior, há brinquedos de madeira para pequeninos, jogos, um espaço para brincar de Mister Maker, Wii para os maiores na fase de

www.mundodiscoverykids.com.ar

MUNDO DISCOVERY KIDS
Av. Federico Lacroze, 1648 – Las Cañitas.

🕐 De terça a domingo e feriados, das 11h às 20h.

👤 Para crianças de até 7 anos.

videogame, computadores com os jogos da página do Discovery, um espaço para bater uma bolinha, além de fantasias da Stephanie – a menina rosa, de cabelo rosa e roupa rosa – e do Spartacus, o cara de bigode fino que vive dando cambalhotas e piruetas. O bom é que sempre há duas monitoras para cuidar das crianças no andar de cima, perfeito para você tomar um café e bater um papo de gente grande no andar de baixo, ainda que o papo seja sobre... crianças!

BRINQUEDOTECAS DE SHOPPINGS

Pode parecer desperdício recorrer à brinquedoteca de um shopping numa viagem a Buenos Aires. Mas, considerando que você vai querer dar uma paquerada nas lojas e que o shopping pode ser um bom aliado em dias frios ou tardes quentes, vamos a elas. Diferentemente do Brasil, não há espaços para deixar as crianças com monitores enquanto você passeia livremente pelas lojas. Você tem que ficar de olho nos filhos. Todas ficam perto das praças de alimentação e a sugestão é deixar o lanche para depois da brincadeira, uma forma de encerrar a história sem muitas reclamações.

Alto Palermo Shopping

O Mundo Cartoon Network fica no terceiro andar. Entre as atrações, tem pula-pula inflável grande, o trem-fantasma do Scooby-Doo e um carrinho dos Flintstones, ainda que os pequenos não conheçam o pessoal da Idade da Pedra. No andar de cima ficam os jogos eletrônicos para meninos um pouco maiores.

Paseo Alcorta Shopping

Tem a Sacoa Entertainment no terceiro andar. Parece ser a mais arejada das brinquedotecas, porque tem uma porta que dá para uma parte aberta. Esse shopping também tem alguns brinquedos ao ar livre.

Abasto Shopping

A Neverland fica no segundo andar. É grande e a atração principal é um balão, que "voa" devagarinho pelo espaço, como se fosse o Balão Mágico. Lembre-se que nesse mesmo shopping fica o Museo de los Niños (ver pág. 44), que também é muito grande. A dica é negociar com os pequenos o que fazer antes ou depois.

escapadas

TEMAIKÉN

www.temaiken.com.ar

Mais que um zoológico, o *Temaikén* é um bioparque, que fica em Escobar, a 60 quilômetros de Buenos Aires. É uma mistura de zoo com jardim botânico, aquário e centros interativos, como um espaço para desenterrar ossos de dinossauros da Patagônia. Pegue o mapa na entrada para poder se localizar, pois há também uma fazendinha (granja), onde as crianças podem ordenhar animais e colher frutas e verduras na horta com 28 tipos de vegetais.

Há lugares para comer, lojinhas para comprar lembranças e lanchinhos. Tem coisas diferentes, que fogem do tradicional zoo, como uma caverna para observar tatus fazendo buracos debaixo da terra. É possível caminhar pelo aviário, com espécies coloridas de várias regiões do mundo. Cuidado com patos dorminhocos e crianças distraídas.

A Praça das Sensações é um parquinho com escorregadores altos onde as crianças sentem-se como girafas, teias de corda para virar uma aranha e túneis para atravessar como os tatus. Para sair dali, só prometendo um sorvete do Munchi's. Há ainda zebras, hipopótamos, jacarés, pumas, tigres–de-bengala brancos, morcegos, antílopes, tubarões e outros mais.

TEMAIKÉN
Ruta Prov. 25, km 1 – Escobar.
Como chegar: ônibus linha 60; ou o serviço de ônibus da Chevallier Costera Metropolitana, que sai da Plaza Italia e chega à entrada do parque.

É possível alugar carrinhos de bebês no parque.

Programa para toda a família.

A infraestrutura é muito boa. Tudo é limpo e organizado. Dá para passar o dia, já que a visita dura entre quatro e seis horas. É melhor ir de tênis e roupa confortável. E prepare-se para caminhar.

TIGRE
TREN DE LA COSTA E PARQUE DE LA COSTA

Um dia no Delta do Rio Tigre! Você pode ir de carro e leva apenas 40 minutos. Só que ir de trem é mais legal. O Tren de la Costa existe desde o século 19 e foi recuperado na década de 1990. Nos fins de semana, sai a cada meia hora. A viagem começa pela estação Maipu, em Olivos, onde é possível fazer a transferência se você vier no trem que sai de Retiro, no centro de Buenos Aires. Até o Delta são dez estações em um percurso de 15 quilômetros que dura 25 minutos. Aos domingos, costuma ficar cheio e você pode ter que viajar em pé. Prefira os sábados ou dias de semana.

Os vagões parecem os de um metrô. Não está novinho em folha, mas tem ar-condicionado, é limpo e tem espaço para quem leva carrinho, que será muito útil quando você chegar lá. O percurso é agradável, algumas estações são bonitinhas e bem cuidadas. Outras estão praticamente abandonadas. San Isidro e Barrancas, onde tem uma feirinha de antiguidades de um lado e um café do outro, são estações que valem a parada na volta.

O trem para em frente ao *Parque de la Costa*, um parque de diversões para a família. Costuma ter filas de espera para os brinquedos, mas as crianças ficam tão empolgadas que pode dar ânimo para encarar as filas. Pergunte na bilheteria qual é o tempo médio de espera nos brinquedos. Para os menores, tem shows e diversões mais tranquilas. Os maiores vão adorar a montanha-russa e outros brinquedos mais radicais.

Uma alternativa ao parque é fazer um passeio de barco nos Rios Tigre e Luján. Em vez do grande catamarã, prefira os barcos menores, que ficam mais rentes à água, aumentando o fator "emoção". Às margens dos canais, veem-se muitas casas, ancoradouros, pessoas acenando, caiaques e muito movimento para prender a atenção dos pequenos marinheiros. Passeio de uma hora, em média.

www.parquedelacosta.com.ar

CONSEJOS ÚTILES

O Boulevard Sáenz Peña é um restaurante com um ambiente charmoso e uma mistura de arte, gastronomia e bazar no Tigre. O cardápio tem poucas – porém, saborosas – opções, como saladas, sanduíches e pratos do dia, além de sucos e sobremesas deliciosas. Tudo ali está à venda e mesmo quem não quer comprar nada vai se inspirar com os objetos. As cadeiras e mesas rústicas dão vontade de colocar no porta-malas do carro e levar para casa. No segundo andar, mais decoração, móveis e um espaço com brinquedos antigos, também à venda, que acabam sendo um ótimo passatempo para as crianças enquanto esperam a comida chegar. Lembre-se de que o Boulevard não abre aos domingos, somente de quarta a sábado, das 9 às 19 horas. Fica na Sáenz Peña, 1400, a algumas quadras do Puerto de Frutos, outro ponto interessante. Para não perder a viagem, é bom reservar lugar. O telefone de lá é +54 11 5197-4776.

Depois do barco, o almoço. Sugiro não fazer ao contrário. O *Paseo Victorica* é o centro turístico do lugar, com um restaurante ao lado do outro. Tente pegar um remis na saída da estação de trem ou terá que caminhar uns 20 minutos pelas margens do rio. Deixe a sobremesa para a sorveteria Vía Toscana. Depois do sorvete, peça um remis por telefone para voltar à estação de trem.

MUSEO DE CIENCIAS NATURALES DE LA PLATA

La Plata, uma cidade universitária bem bonitinha, é sede do governo da província de Buenos Aires. Fica a uns 60 quilômetros da capital federal. A viagem dura 40 minutos e é possível ir e voltar no mesmo dia. Nos domingos e feriados ela fica vazia, pois é quando os estudantes vão para casa.

Uma escapada até o *Museo de Ciencias Naturales de La Plata* pode ser uma opção para o fim de semana. Perto do museu fica o zoológico, mas não é recomendado visitar os dois no mesmo dia. O museu é vasto e é considerado um dos mais importantes do gênero no mundo. São três milhões de peças de coleção, mas nem todas estão expostas. Muitas estão no subsolo para serem usadas em pesquisas. Ainda assim, há bastante coisa para ver.

Sucesso mesmo são os animais empalhados e os esqueletos enormes de dinossauros, elefantes e pássaros gigantes que voaram em tempos remo-

www.victorica.tigre-arg.com.ar

www.fcnym.unlp.edu.ar

tos. Tem também o esqueleto de uma gigantesca baleia, a "prova" de que é possível uma delas ter engolido o barco do Gepeto, o pai do Pinóquio. As 21 salas estão distribuídas em dois andares. Não fique angustiado em mostrar tudo aos pequenos. Aproveite o andar inferior, porque eles acham mais fascinante. No segundo piso, as salas de etnologia não chegam a ser o grande barato. Até porque, quando você chega lá, eles já estão cansados.

REPÚBLICA DE LOS NIÑOS

Dizem que Walt Disney inspirou-se nesse parque para criar a Disneylândia três anos mais tarde. Dizem. Aqui tudo é muito mais simples, mas mesmo assim agrada às crianças. Você não encontra o Mickey Mouse nem o Pateta, mas pode topar com uma estátua da Manuelita ou do Patoruzú, personagens da infância argentina. A *República de los Niños* fica em La Plata, a 55 quilômetros de Buenos Aires. Foi inaugurada em 1951 pelo então presidente Juan Domingo Perón para distrair as crianças e oferecer a elas um espaço onde pudessem aprender um pouco de cultura cívica e conhecer o funcionamento das instituições básicas de um país democrático. O parque, mantido pela municipalidade de La Plata, foi declarado Monumento Histórico Nacional em 2001 e está bem conservado e organizado. Se for de carro, saiba que tem um grande estacionamento. Um bom programa para domingos de céu azul.

A entrada é pela parte urbana. Numa espécie de Main Street da Disney – guardadas as devidas proporções –, você encontra palácios, castelos, igreja, edifícios públicos em tamanho menor, uma loja de comida rápida, sorveteria, carrocinhas de pipoca e quiosques com bobagens para lambiscar, como chocolates e alfajores.

Na praça principal, onde seu programa começa e termina, há peças de teatro ao ar livre a cada 45 minutos nos fins de semana e feriados. Ali estão a Casa de Governo, com janelas góticas, torres e mirantes; o Banco Municipal Infantil, que é uma réplica do Palácio Ducal de Veneza; a Capela, com missa aos domingos; e o Palácio da Cultura, inspirado no Taj Mahal e que abriga o Museu Internacional do Boneco. Mais adiante, ainda na parte urbana, em torno da Plaza de las Américas, está a Legislatura, inspirada no Parlamento Inglês, com Câmara dos Deputados e Senadores do Governo Infantil da República, e Palácio da Justiça.

A granja (sítio) tem lhamas soltas. Galinhas e patos cruzam o caminho das pessoas. É uma aventura e tanto para as crianças urbanas. A comida que você recebe na entrada pode ser oferecida ao bode, aos patos e a outros bichinhos. Nos fins de semana é possível ordenhar bichos e fabricar pão. Depois de preparar a sua gostosura, faça hora no parque de diversões em frente, com bate-bate, carrossel, trem-fantasma e outros brinquedos tradicionais. Meia hora depois volte para buscar o pão pronto. É uma animação só!

Tem ainda um passeio de trem de época bem

básico que percorre o parque todo. Geralmente tem fila e, quanto mais tarde, maior a fila. A volta é rápida e aí você descobre que tem ainda um barco para passear no lago, quadras de esporte para bater uma bolinha e uma grande área verde para fazer piquenique. Não é possível parar nas estações, que têm nomes atrativos como Polegarzinha, Peter Pan e Chapeuzinho Vermelho. Mas não se iluda: é só um nome. Não há nada que remeta aos personagens da Disney.

Para chegar à República de los Niños, pegue a Autopista Buenos Aires–La Plata. Pode ir de trem desde a Plaza Constitución – que não é muito bem conservado –, ou em ônibus desde o Terminal de Retiro. O parque fica no caminho General Belgrano y 501, na localidade de Gonnet. É um programa indicado durante o ano inteiro para dias de tempo bom.

UM DIA NO CAMPO

Um costume dos portenhos é passar o dia no campo. Há muitas estâncias perto da capital que oferecem atividades para as crianças e assado para o almoço. O *Resort de Campo e Polo* é uma excelente opção. Apesar do nome pomposo e que não lembra em nada os resorts do litoral brasileiro, o mais correto seria compará-lo a um hotel de campo pelo aconchego e pela simplicidade. São 32 apartamentos e todos voltados para os quatro campos de polo. Tem parquinho infantil, quadras de tênis e de futebol, piscina aquecida (coberta no inverno e desco-

www.poloresort.com

berta no verão), passeios de bicicleta, a cavalo e de charrete. A temporada de campeonatos de polo é de setembro a dezembro. Tem ainda recreação infantil nos fins de semana e uma sala com pingue-pongue, sinuca, lápis para colorir e PlayStation.

O café da manhã, com pães gostosos, sucos e frutas, está incluído na diária. No Restaurante La Perdiz, até o menu infantil é gostoso, como o arroz com manteiga com um bife de filé mignon. Você pode apenas passar o dia no resort e almoçar nesse restaurante. Se tiver disposição, tem ainda um spa com diferentes tipos de massagens!

O Resort de Campo e Polo fica a 65 quilômetros de Buenos Aires, na Ruta 6 e Río Luján (6700). Se precisar parar no caminho, vá ao *Las Palmas del Pilar*, um charmoso shopping ao ar livre em Pilar, com boas lojas, farmácia e um supermercado para quebrar o galho. No fim de 2010, outro grande shopping foi aberto na estrada entre a capital e Pilar, o *Tortugas Open Mall*. Entre as lojas estão a Falabella e a Bubble Gummers, de tênis infantil, e brinquedoteca do Mundo Cartoon Network.

MUNDO MARINO

A 320 quilômetros de Buenos Aires encontra-se uma versão portenha do Sea World, o parque marinho de Orlando, com shows de orcas e golfinhos amestrados. Localizado em San Clemente del Tuyú, o *Mundo Marino* é um dos mais importantes parques de diversão da Argentina e recomenda-

www.laspalmasdelpilar.com.ar

www.tortugasopenmall.com

se ter, no mínimo, cinco horas disponíveis para a visita. Ao entrar no parque, o visitante recebe um mapa com os horários das atrações e dos shows para poder planejar a visita. As opções de refeições são variadas, de restaurantes com comida tradicional a fast-foods e cafeterias.

CARILÓ

A cidade litorânea fica a 360 quilômetros de Buenos Aires. É uma praia badalada, com comércio charmoso e mar de águas calmas, porém, geladas. O bochincho acontece no centro comercial de Cariló. O caminho até lá é cheio de árvores e casas bacanas. No pequeno shopping a céu aberto, há muitos restaurantes, lojas de marca e uma área com diversão para as crianças, com jogos eletrônicos, trenzinho e uma pequena pista de kart. Para os maiores, é possível alugar quadriciclo para aventurar-se pela areia dura.

Como os preços em Cariló são altos, a dica é hospedar-se no balneário ao lado, Valeria del Mar, a cinco minutos de carro. O *Alpina Apart* tem apartamentos amplos, com cozinha equipada para a família, piscina aquecida para adultos e crianças, recreação infantil, café da manhã gostoso no quarto, serviço diário de limpeza e uma localização fantástica em frente ao mar. A cidade de Valeria del Mar é tranquila, com bons restaurantes, mercados e padarias. Mesmo durante o verão, leve sempre um casaco por causa do vento no litoral.

BARILOCHE

Para chegar a Bariloche é melhor ir de avião. Os voos domésticos saem do Aeroparque, um aeroporto no bairro de Palermo, e duram cerca de duas horas. A viagem de ônibus dura dois dias e pode ser bastante desgastante para todos. Tanto a LAN quanto a Aerolíneas Argentinas têm vários voos diários entre Buenos Aires e Bariloche.

Um dos cartões-postais da região é o Centro Cívico da cidade. Na praça principal, você verá cachorros São Bernardo à espera de alguém para tirar fotos com eles em troca de alguns pesos. A Calle Mitre é a rua do burburinho e pode ser chamada de Brasiloche, de tantos turistas brasileiros pelos restaurantes, cafés e lojas.

As chocolaterias são uma atração à parte. Não deixe de dar um pulo na Mamuschka, na esquina com a Rua Rolando, e comprar uma caixa de chocolates em formato de ursinhos recheados de doce de leite. A Chocolates del Turista é outra marca importante da região. Em uma das lojas, o processo de fabricação do chocolate é explicado enquanto na outra há espaço para as crianças brincarem.

Se cansar de brincar na neve, faça o Circuito Chico, um passeio panorâmico que passa ao lado do famoso hotel Llao Llao e pelo Museo del Chocolate Fenoglio, com visitas guiadas. O Parque Nahuelito, no km 24, é um parque com mais de 30 réplicas de dinossauros, em tamanho natural, que as crianças adoram. Na volta não deixe de fazer um lanche à tarde no Bellevue, uma casa de chá de uma família alemã na Avenida E. Bustillo, km 24.600 da Villa Llao Llao, com uma vista maravilhosa para o lago e bolos deliciosos que a senhora Karin prepara todas as manhãs. Não deixe de comer as medialunas dali. Quando neva, esse lugar é o paraíso.

O Cerro Catedral é onde dá para esquiar e fica muito movimentado durante a alta estação. Tem uma boa infraestrutura de restaurantes e lojas de aluguel de roupas e equipamentos de esqui. Você pode comprar uma pequena prancha para fazer "esqui-bunda", que eles chamam de *colapatín*. Vale subir o bondinho para ter mais chances de ver neve caindo e brincar de fazer bonecos engraçados. No alto, a temperatura é mais baixa do que na base, mas tem um chalé com um delicioso chocolate quente para recuperar a energia.

Não precisa comprar ou levar roupas de neve na mala. É possível alugá-las nas lojas locais. No centro da cidade, o aluguel sai um pouco mais barato que no Cerro Catedral. Se alugar por vários dias, há desconto no valor. No entanto, fique de olho na qualidade da roupa. Peças muito gastas podem ter a sua capacidade térmica comprometida. O tamanho da roupa também deve ser de acordo com a criança. Não deixe empurrar para o seu filho um número maior que ele, principalmente de botas, porque não dá certo. A roupa tem que ser ajustada nos pulsos e na cintura, no caso do casaco, e na perna, no caso da bota. Não pode entrar água ou você terá que alugar tudo de novo. Evite alugar na primeira loja que encontrar, porque há muitos lugares pela cidade. Lembre-se de que, para a neve, as luvas devem ser impermeáveis para não congelarem os dedos. Tenha o cuidado de cobrir os pés da criança com um saco plástico por cima da meia. O kit de roupa básico consiste em macacão – mais apropriado que duas peças para os menores que vão se jogar no chão – e botas. Portanto, luvas, gorros, meias, camisetas térmicas e cachecóis ficam por sua conta e estão à venda em vários lugares. Não se esqueça de levar protetor solar, porque quando o sol sai é para valer. Se preferir um morro com menos gente, tente o Cerro Otto.

Quem estiver de carro pode esticar a viagem até Villa la Angostura, a 45 minutos do Aeroporto de Bariloche. Vá ao Cerro Bayo, considerado um centro de esqui butique, com atividades para crianças. Toda essa região é muito atraente mesmo nos meses quentes, com os lagos para a prática de windsurf, canoagem e pesca, além de trilhas para mountain bike, cavalgadas e caminhadas.

ROUPAS PARA A NEVE

Aproveite a oferta de boas lojas em Buenos Aires para comprar o enxoval básico para o frio. As lojas de roupas de esportes, como a Columbia e a Salomon, vendem jaquetas, camiseta térmica, gorros, luvas e botas. Em lojas de meias espalhadas pela cidade, chamadas de lencerias, você encontra meias térmicas, meias-calças de lã e blusas "segunda pele", que ajudam a manter o calor. Essa parte do enxoval não se aluga e também pode ser comprada em Bariloche, mas é melhor chegar lá bem aquecido.

UM DIA LEGAL

SUGESTÕES DE ROTEIROS
PARA UM DIA LEGAL

ROTEIRO 1

- Jardín Japonés, Palermo Botánico.
- Almoço no Las Cabritas, em Las Cañitas.
- Mundo Discovery Kids, Las Cañitas.
- Libros del Pasaje, em Palermo Soho (inclui uma volta nas lojas da região).
- Lanche no Casa Mua, Palermo Viejo.

ROTEIRO 2

- Café da manhã no Restaurante do Museo Evita (em dias quentes), Palermo Botánico.
- Zoológico, Palermo Botánico.
- Almoço no restaurante La Payuca da Rua Arenales, Palermo Viejo.
- Museo de los Niños, Abasto.

ROTEIRO 3

- Rumo a Temaikén!

UM DIA LEGAL

ROTEIRO 4

- Tour do ônibus amarelo, início no centro da cidade.
- Descida do ônibus no Museo de la Pasión Boquense, La Boca.
- Volta ao ônibus e descida em Puerto Madero.
- Museo Fragata Sarmiento, Puerto Madero.
- Almoço em Puerto Madero.
- Zoológico, Palermo Botánico.
- Loja da Barbie, Palermo Botánico.
- Lanche na Nucha, Palermo Botánico ou La Salamandra, Palermo Soho.

ROTEIRO 5

- Café da manhã no Le Blé, Villa Crespo.
- Passeio de bicicleta pelo parque de Palermo.
- Almoço em uma parrilla ou no Club de la Milanesa, em Palermo.
- Livraria El Ateneo, Recoleta.
- Museo Participativo de Ciências - Prohibido no Tocar, Recoleta.
- Lanche no Be Frika, Recoleta, ou pizza e empanadas na Romário.

HORA DA FOME

Uma das perguntas de quem planeja viajar com criança é: o que meu filho vai comer? Em Buenos Aires é fácil agradar ao paladar de todos. Mesmo que seu filho ainda esteja na fase da papinha, não tem drama. Há papinhas nos supermercados, inclusive marcas orgânicas. Se já passou dessa fase, vamos às dicas:

• Leve sempre na bolsa papel e lápis de cor para garantir o passatempo enquanto a comida não vem. Em geral, se não for um restaurante de cardápio muito específico, é fácil encontrar opções de carnes e massas. Nos restaurantes típicos de parrilla, o ideal é pedir um *bife de lomo*, que seria o equivalente ao nosso filé mignon. *Tapa de cuadril* e *bife de chorizo* seriam a picanha e o contrafilé, que também são muito saborosos, mas podem ser menos macios. Se a carne for alta, pode pedir para cortar ao meio, que é o corte mariposa (borboleta). Tem ainda a tradicional milanesa, que é fininha e enorme. Os pratos infantis geralmente podem ser divididos entre pequeninos.

• Guarnições interessantes, além da batata frita, seriam o purê de batata e o de abóbora (*calabaza*). Em alguns lugares, pode pedir purê misto (vem um ao lado do outro). A batata espanhola é a nossa portuguesa. Feijão nem pensar. Não tem. Arroz branco também é difícil. Mas com as variações de

HORA DA FOME

batatas e o purê de abóbora você consegue boas combinações. Pode ainda pedir uma massa com molho de tomate ou branco. Penne e fusili são sugestões para os que estão aprendendo a comer. Para beber, suco de laranja – o *expremido de naranja*, limonada ou os *licuados* (sucos de frutas cortadas e congeladas batidas no liquidificador).

• De sobremesa, sorvetes dos mais variados sabores são deliciosos. Normalmente, servem duas bolas e você pode pedir para dividir em dois, se for o caso. Doce de leite, morango, chocolate e creme são os sabores mais comuns.

• Para o lanche, uma boa pedida é o *tostado de jamón y queso en pan de miga*. É um misto quente no pão de forma fininho e sem casca. Há ainda as famosas medialunas, que conhecemos como croissants, com queijo e presunto ou sem nada. Em geral, são fresquinhas e fofinhas, uma delícia para os menores. As empanadas são pastéis de forno com vários tipos de recheio. E os *scones* são pãezinhos redondos e gostosos.

• Quem gosta de levar frutas na bolsa pode parar nas quitandas (*fruterias*) espalhadas pelas esquinas da cidade. As frutas costumam ser frescas e você evita as demoradíssimas filas dos supermercados.

HORA DA FOME

• Numa emergência, há ainda muitas lojinhas – os *kioscos* – que ficam abertas até tarde e vendem balas e chocolates, mas também sucos de caixinha e água mineral, que são a salvação na hora do aperto. Neles você encontra os famosos alfajores Jorgito, um clássico entre os alfajores argentinos. Um ótimo site para ter informações sobre restaurantes, tipos de comida, preços, horários e como chegar lá é o Guia Óleo.
www.guiaoleo.com.ar

ALGUMAS COMIDINHAS FACILMENTE ENCONTRADAS

NA HORA DO CAFÉ E DO LANCHE

Alfajor de maisena: encontrado em cafés e padarias.
Arroz con leche: arroz-doce.
Budín: bolo.
Chocolatada: leite com Nesquik.
Churros: tradicionais churros que podem ser recheados de doce de leite ou não.
Helados: sorvetes (prove o de doce de leite).
Licuados: sucos de frutas congeladas batidas no liquidificador com ou sem leite. Banana e morango são fáceis de encontrar.

HORA DA FOME

Muffins: bolinhos.
Medialunas de manteca: um tipo de croissant feito de manteiga, bem macio para os pequenos. Quem quiser, pode pedir recheado de queijo e presunto, torrado ou não.
Scones: um tipo de pãozinho redondo que lembra o pão de minuto. Pode ser acompanhado de geleia ou queijo cremoso.
Submarino: leite quente acompanhado de um pedaço de chocolate para derreter no leite. O problema é quando as crianças comem o chocolate e depois não querem saber do leite.
Tostado de jamón y queso en pan de miga: misto quente num pão de forma bem fininho e grande sem casca. Geralmente dá para dividir, porque vem em quatro grandes pedaços.

NA HORA DO ALMOÇO E DO JANTAR

Bife de lomo: bife de filé mignon.
Empanadas: pastel de forno recheado.
Guiso: ensopado com carne, legumes ou lentilha.
Humitas: pamonha.
Milanesa: pode ser de carne ou de frango. Alguns lugares servem de soja. Geralmente é bem fininha.
Papas fritas: batatas fritas. A palavra batata é usada somente para batata-doce.
Pasta con salsa blanca, rosa o fileto: massa com

HORA DA FOME

molho branco, rosa ou de tomate.
Pastel de carne: no Brasil é chamado de barriga de freira ou madalena. Carne cortada em pedaços bem pequenos (não é moída), temperada, coberta com purê de batatas, levada ao forno para gratinar. Tem variações com frango e purê de abóbora.
Patitas de pollo: nuggets de frango em forma de coxinha.
Pizza: há boas pizzarias pela cidade e os restaurantes com cardápios bem variados geralmente oferecem pizzas.
Purê de papas: purê de batata-inglesa. Purê de batata é de batata-doce.
Purê misto: purê de batata-inglesa de um lado e de abóbora do outro.

RESTAURANTES

A QUANTIDADE DE "$" INDICA O NÍVEL DE PREÇOS DO RESTAURANTE, VARIANDO DO MAIS BARATO ($) AO MAIS CARO ($$$$).

1810 – COCINA REGIONAL ($$): o cardápio do 1810 é enxuto, mas bem gostoso. O ambiente é familiar. Tem um cantinho com distrações para os menores no térreo, com uma mesinha pequena e um quadro-negro para desenhar, suficientes para ninguém ficar correndo entre as mesas. Evite o mezanino, para ficar de olho nas crianças. É melhor chegar cedo nos fins de semana porque começa a

HORA DA FOME

encher por volta das 13h30. Também abre à noite. De entrada, peça empanadas. Tem de vários sabores. Para os pequenos, pode ser de carne ou de humita que, nesse caso, é um creme de milho docinho. Os grandes podem provar sabores mais fortes, como roquefort, provolone ou carne picante. Depois, tem a carbonada, o ensopado com carne, milho e verduras. O *locro* vem com linguiça e feijão branco. Tudo acompanhado por pães caseiros. Muito saboroso! Para os pequenos, você pode optar pelo pastel de batata com carne: carne picada com purê de batata ou de abóbora gratinado no forno em panelinha de barro. Não deixe de provar um doce regional de sobremesa, que pode ser arroz-doce, o arroz con leche e canela, ou um pudim de leite, o flan. E você ainda pode pedir um pouco de doce de leite para acompanhar qualquer sobremesa. Aqui, doce de leite combina com tudo! Aceitam somente dinheiro.

Julián Alvarez, 1998, esquina com Guatemala – Palermo.
Tel.: 54-11-4865-0030
www.1810cocinaregional.com

LA PAYUCA ($$): o que chama a atenção neste restaurante é o espaço para brincar. Há jogos eletrônicos, piscina de bolinhas, escorregador, mesinhas para desenhar, televisão e balinhas na saída. No La Payuca, a duas quadras do shopping Alto Palermo, a parrilla é básica. Se você pedir comida para os

HORA DA FOME

filhos, a brincadeira sai de graça. Caso contrário, paga-se para a criança usar o espaço. O salão do restaurante é amplo e o pelotero fica no andar superior, onde também há mesas para os pais ficarem por perto. É melhor reservar antes, para não correr o risco de ter que ficar no andar de baixo. O ambiente é adequado para grupos grandes, quando é preciso juntar várias mesas. Mas atenção: durante a semana as monitoras estão disponíveis apenas para o jantar. Nos fins de semana e feriados, a partir de 12 horas.
Arenales, 3443 – Palermo.
Tel.: 54-11-4825-5959
www.lapayuca.com

RAVELLO ($$): Ravello é uma típica parrilla de bairro com um ambiente familiar onde se come bem. Os pratos são grandes e, de postre, a tradicional chocotorta aparece em várias mesas. No almoço dos fins de semana, o restaurante tem um espaço para pequenos de até 7 anos, com uma monitora, para você comer com tranquilidade. No menu infantil Ravellitos, há milanesas, nhoques e peito de frango, que vêm com uma surpresa legal para todos saírem de lá felizes e contentes. É bom reservar uma mesa perto do espaço infantil.
Honduras, 5906 – Palermo Hollywood.
Tel.: 54-11-4770-9400

HORA DA FOME

CASA MUA ($$): fica numa esquina tranquila, perto do 1810, e é uma boa proposta para lanches ou um almocinho mais leve. O ambiente é gostoso, com obras de arte coloridas na parede, alguns móveis rústicos e estantes com objetos e essências para vender. Tem ainda uma sala agradável para os pequenos brincarem supervisionados por monitoras enquanto a comida não vem. Boa coisa, porque o serviço é um pouco demorado. Uma grande janela de vidro separa o espaço infantil, isolando o barulho e permitindo o contato visual com as crianças. No cardápio, saladas, sanduíches, sucos, cafés, chás, muffins, além de brioches e pain au chocolat, bem ao estilo francês, fazem parte do cardápio escrito à mão em cadernos de espiral, que dão um toque informal ao lugar. No menu infantil, há várias combinações para lanches, com alfajor, cookies, muffins, medialunas, leite achocolatado ou suco de laranja. No almoço, há nuggets de frango e tomate ou macarrão com queijo.

Soler, 4202, esquina com Julián Alvarez – Palermo.
Tel.: 54-11-4862-7561
Horário de monitores: de terça a sexta-feira,
das 16h às 20h.
Domingos e feriados, das 12h às 20h.
www.casamua.com

HORA DA FOME

CASIMIRO ($$): o Casimiro faz sucesso entre as crianças. É um restaurante com espaço para pequenos de até 12 anos brincarem e comerem. Tem jogos de vídeo, filminhos, labirintos com escorregador e "tios" para supervisionar a área. No minicomedor, há opções de lanchinhos da tarde, almoço ou jantar. Nada muito saudável, mas eles gostam e costumam beliscar bastante. Existe a opção de chamar as crianças para comerem à mesa junto com você. A comida não é o forte do lugar, que é bom para deixar os pequenos brincando e ter cinco minutos de paz para bater um papo com o marido, as amigas ou levar seu notebook para navegar tranquila, porque lá tem internet wi-fi. Aberto todos os dias, a partir das 12 horas.
La Pampa, 1549 – Belgrano.
Tel.: 54-11-4780-3079
www.lawebdecasimiro.com

PARRILLAS

CABAÑA LAS LILAS ($$$$): point de turistas brasileiros. A carne é excelente. As crianças são recebidas com lápis de cor e papel para desenhar. Tem menu infantil com milanesa de carne sequinha e purê de batata saboroso, talharim e escalopinho com batatas fritas. Para crianças que comem pou-

HORA DA FOME

co, o indicado é dividir a porção infantil. O mesmo pode ser feito para pais que estão de dieta, afinal, o couvert é quase uma refeição. A conta pode sair um pouco salgada, mas as chances de você ter uma experiência maravilhosa são altas. Ah, quem não dispensa a sobremesa deve pedir uma panqueca de doce de leite com sorvete de creme. Uma coisa divina!

Alicia Moreau de Justo, 516 – Puerto Madero.
Tel.: 54-11-4313-1336
www.laslilas.com.ar

EL PRIMO ($): serve boa carne, acompanhada de salada de rúcula com queijo. Fica na Calle Báez, lugar que "ferve" à noite. As mesas do lado de fora ficam simpáticas em dias frescos. Ideal para quem tem filhos adolescentes.

Báez, 302 – Las Cañitas.
Tel.: 54-11-4775-0150
www.parrillaelprimo.com.ar

KANSAS ($$$): ao lado do Hipódromo de Palermo e em frente aos campos de polo está o restaurante Kansas, de cozinha norte-americana. Essa parrilla yankee é point de jovens e famílias com crianças, embora não ofereça entretenimento para os pequenos. Primo do Roadhouse e do Outback e parente do TGI Friday's, serve costelinhas de porco com molho barbecue e batatas fritas e aquelas

HORA DA FOME

sobremesas monstruosas, que engordam só de olhar. Dá para dividir entre a família e, se duvidar, com os vizinhos. O salão é amplo e animado. As crianças sentem-se à vontade e tem menu kids. Abre todos os dias e dá para pagar com cartão de crédito, mas não aceita reservas e é sempre cheio. Chegue cedo tanto no almoço quanto no jantar.
Avenida Del Libertador, 4625 – Las Cañitas.
Tel.: 54-11-4776-4100
www.kansasgrillandbar.com.ar

LA DORITA ($$): dizem que o dono, Sebastián Valle, foi o pioneiro no ramo das parrillas cool. São vários endereços em Buenos Aires. Em Palermo Hollywood ficam duas, a La Dorita e a La Dorita de Enfrente. Como diz o nome, uma em frente à outra. Come-se bem, com destaque para o pudim de leite na sobremesa.
Humboldt, 1911 – Palermo.
Tel.: 54-11-4773-0070

LAS CABRITAS ($$): típico restaurante frequentado por famílias portenhas com crianças pequenas nos almoços de fim de semana. Uma cadeira alta de palha e giz de cera para rabiscar a toalha de papel mostram que o lugar aceita de bom grado a presença dos pimpolhos. O salão é grande e as mesas são próximas umas das outras. O burburinho faz o clima ficar bem informal. Em dias quentes, é

HORA DA FOME

melhor chegar cedo e pedir uma mesa afastada da parrilla. No Las Cabritas, pagamento só em dinheiro. O menu é amplo e os pratos, também. O pastel de carne (purê com carne e ovo cozido cortadinho em panela de barro) é uma boa pedida. De sobremesa, panqueca com doce de leite com brûlée de açúcar, que é uma delícia. Se preferir esticar o programa e deixar o café para outro lugar, saiba que na esquina, a poucos passos dali, tem uma filial da maravilhosa sorveteria Persicco.
Migueletes, 840 – Las Cañitas.
Tel.: 54-11-4776-6760

SIGA LA VACA ($$): se você pedir uma dica ao taxista, é provável que vá parar neste restaurante. Preço fixo e comida à vontade, ideais para quem tem fome, porque é uma comilança. Tem bufê de saladas e você escolhe as carnes direto da parrilla. Há muitas mesas e muito barulho. Ideal para famílias numerosas.
Alicia Moreau de Justo, 1714 – Puerto Madero.
Tel.: 54-11-4315-6801
www.sigalavaca.com

HORA DA FOME

COMIDINHAS E LANCHES GOSTOSOS

BE FRIKA ($$): se o programa é comer hambúrguer, o destino é o Be Frika, na Recoleta. No cardápio, saladas, sucos, sobremesas gostosas – como o waffle de doce de leite – e mini-hambúrguer gourmet, o carro-chefe da casa. No menu infantil, um pequeno e saboroso hambúrguer com tomate e alface, acompanhado por batatas fritas e pelo suco do dia. São sempre dois sanduíches pequenos e o combo permite escolher dois sabores diferentes. A sugestão é pedir a limonada com gengibre e uma combinação fantástica: Moulin Rouge (hambúrguer, queijo brie, tomate em conserva e mostarda) e o Frankie & Johnny (hambúrguer com bacon, molho barbecue e queijo cheddar). O andar de cima é mais agradável para estar com as crianças, que ganham giz de cera para rabiscar o jogo americano.
Junín y French – Recoleta.
Tel.: 54-11-4821-0010
www.frika.be

LOS PETERSEN EN PROA ($$$): no último andar do centro de arte contemporânea Proa, na Boca, fica o Los Petersen en Proa, uma cafeteria-restaurante com comidinhas bem simpáticas, algumas mesas ao ar livre e uma linda vista para o rio. No cardápio dos Petersen, sanduíches, saladas, peixe grelhado,

HORA DA FOME

sucos, além de empanadas de carne e de milho. No menu infantil, uma opção de pasta na manteiga e outra bem diferente, com várias coisinhas para comer com a mão, como pequeninos pastéis de espinafre, franguinhos e queijinhos empanados no palito. Há ainda o Menú del Artista, que inclui prato principal, sobremesa e bebida a preço fixo. Depois do almoço, enquanto todos fazem a digestão, faça um pit stop na livraria do andar inferior, cheia de livros diferentes e instigantes para as crianças folhearem à vontade e fazerem novas descobertas.
Avenida Pedro de Mendoza, 1929 – La Boca.
Tel.: 54-11-4104-1003
www.proa.org

NATURAL DELI ($$): essa delicatessen em Las Cañitas tem um mercadinho com produtos integrais como pães e biscoitos, além de temperos, geleias, mel e vinhos. Serve sanduíches, saladas, wraps, quiches e muffins. Os sucos naturais são ótimos, como o de cenoura, beterraba e limonada com gengibre. Para as crianças, há um prato especial de mini-hambúrguer caseiro com purê de abóbora ou uma massa com três tipos de molho. Tem serviço de delivery.
Gorostiaga, 1776 – Las Cañitas.
Tel.: 54-11-4514-1776
www.natural-deli.com

HORA DA FOME

LE BLÉ ($$): é um lugar para tomar um belo café da manhã ou fazer um lanche com as crianças. Esta boulangerie fica afastada do miolinho da Recoleta, mas vale a pena. O café com leite vem numa xícara enorme e é muito saboroso. Para acompanhar, uma cesta de pães que inclui muffins, croissants, baguetes e pain au chocolat. Você pode pedir ainda sucos para as crianças.
Avenida Alvarez Thomas, 899 – Chacarita.
Tel.: 54-11-4554-5350

MUMA'S CUPCAKES ($$): a loja é pequena, fofa e tem um cheiro maravilhoso. São vários cupcakes lindos e deliciosos. O bolinho de biscoito Oreo (Negresco) faz sucesso entre as crianças. Não deixe de provar um de banana com cobertura de doce de leite e outro de cheesecake com frutas vermelhas, perfeito com um café expresso.
Malabia, 1680 – Palermo Soho.
Tel.: 54-11-4831-3817
www.mumascupcakes.com

LA SALAMANDRA ($$): este lugar é uma perdição. Tem doce de leite por todos os lados. No cardápio, sanduíches, saladas, cafés, quiches, sucos e muitas variações calóricas com doce de leite que dão água na boca.
El Salvador, 4761 – Palermo Soho.
Tel.: 54-11-4831-1600
www.lasalamandra.com.ar

HORA DA FOME

NUCHA ($$): a Nucha é uma boa pedida para um lanche no meio da tarde. Tem várias opções de salgados e um gostoso café expresso ou cortado (café com um pouco de leite). Os sucos e submarinos (com chocolate Lindt) dão água na boca. Scones com geleia também abrem o apetite. Há vários Nuchas pela cidade.
Armenia, 1540 – Palermo Viejo.
Lafinur, 3368 (a uma quadra do zoológico, pela saída da Avenida Libertador).
www.nuchacafe.com

CAFÉ TORTONI ($$): tradicional café da Argentina. Fundado em 1858, fica na famosa Avenida de Mayo, que vai da Casa Rosada ao Congresso. A decoração remete às estrelas do passado que frequentaram o lugar, como o cantor Carlos Gardel e os escritores Jorge Luis Borges e Federico García Lorca. Hoje o lugar é apinhado de turistas e os garçons arranham o português. Dependendo da hora, tem fila de espera. Todas as noites, em duas salas pequenas, há shows de tango em que é permitido levar crianças. Compre os ingressos com antecedência. O público é praticamente de brasileiros e os atores sabem disso. Durante o espetáculo, é possível fazer um lanche simples, cobrado à parte, de um cardápio com sanduíches, sucos e pizzas.
Avenida de Mayo, 825 – Centro.
Tel.: 54-11-4342-4328
www.cafetortoni.com.ar

HORA DA FOME

PIZZARIAS

ALMACÉN DE PIZZAS ($$): boas pizzas de massa fina e crocante. As empanadas também são saborosas. Não tem suco. O jeito é ir de água ou liberar o refrigerante para as crianças. No domingo é bom chegar cedo para não ficar na fila. Abre o dia todo e há vários espalhados pela cidade.
Salguero, 2802 – Palermo Botánico.
Tel.: 54-11-4802-3302
www.almacendepizzas.com.ar

PIOLA ($$): pizzaria descolada, presente ao redor do mundo, inclusive no Brasil. O ambiente animado ajuda a disfarçar o barulho da criançada. A focaccia de provolone e a bruschetta de entrada ou o nhoque quatro queijos podem roubar a cena da pizza.
Libertad, 1078 – Recoleta.
Tel.: 54-11-4812-0690
www.piola.it

ROMARIO ($): apesar do nome, não tem nada a ver com o ex-jogador brasileiro. É uma cadeia de pizzarias com 12 pontos da cidade. Na Güemes, em Palermo Viejo, tem um salão amplo e coberto, indicado para quem não gosta de vento encanado, bem diferente da Romario da Rua Cabello, em

HORA DA FOME

Palermo Botánico, que é muito pequena, na esquina. As empanadas são sequinhas e as pizzas são honestas, com destaque para a de mozzarela com rúcula.
Güemes, 3602 – Palermo.
Tel.: 54-11-4511-4444
www.romario.com.ar

SIMONE ($$$): se estiver passeando por Puerto Madero, este restaurante é uma boa pedida para uma pizza no fim do dia, com massa fina e muito crocante. Fica em frente ao dique 2 e tem mesas do lado de fora, agradáveis para estar com as crianças em noites frescas.
Olga Cossettini, 1553 – Puerto Madero.
Tel.: 54-11-4312-6839
www.simoneweb.com.ar

CHINESES

O Barrio Chino – uma espécie de Chinatown portenha – é um programinha bem legal! São apenas duas quadras da Rua Arribeños, no meio do bairro de Belgrano. A entrada pela Rua Juramento tem um arco que avisa que você chegou ao canto chinês de Buenos Aires. É impossível não dar uma espiada nas várias lojas de produtos made in

HORA DA FOME

China, como leques, chinelos, chapéus de palha, carteiras de tecido. Tem ainda os mercadinhos chineses, como a Casa China, onde se pode encontrar alimentos chineses – claro! – e também todo tipo de ervas e grãos para cozinhar, assim como feijão preto a granel, leite de coco e mamão-papaia. O mercado chinês é considerado o melhor lugar para comprar peixe fresco e é onde os grandes chefs se abastecem. Diversão ideal para quem gosta de rolinho primavera e arroz colorido.

PALITOS ($): lugar simples, boa comida, bom serviço. Aviso importante: só aceita dinheiro, nada de cartões. De entrada, rolinhos primavera. O arroz com ovos pode acompanhar o frango agridoce. Para quem quiser algo mais forte, o frango a três aromas, com lascas de gengibre, manjericão e alho, é ótimo. O cardápio é amplo e os pratos servem duas ou até três pessoas, dependendo da fome da galera. Tem suco natural de manga e maracujá em copo grande. De sobremesa, experimente um almendrado.

Arribeños, 2243 – Barrio Chino.
Tel.: 54-11-4786-8566

HORA DA FOME

TODOS CONTENTOS ($): se a fila de espera do Palitos estiver longa, entre no Todos Contentos, que também serve uma comida honesta e tem um salão maior, mais indicado para famílias numerosas. O serviço costuma ser rápido.
Arribeños, 2177 – Barrio Chino.
Tel.: 54-11-4780-3437

PARA TEENS

LOCOS POR EL FUTBOL ($$): ideal para quem tem filhos adolescentes ou jovens e fanáticos por futebol. É um bar-restaurante com várias telas de TV para acompanhar os campeonatos argentino e europeu. Em dias de finais, é divertido ver como sofrem e vibram nossos hermanos por causa da bola, mas reservar mesa é imprescindível.
Azcuénaga, 1898 – Recoleta.
Tel.: 54-11-4807-3777
www.locosxelfutbol.com

HARD ROCK CAFÉ ($$$): presente em dezenas de países e famoso pelos souvenires, o Hard Rock Café de Buenos Aires conta com o típico cardápio americano com toques locais, como o bife de chorizo. O lugar é indicado para jovens, com muita

HORA DA FOME

música e decoração cool. Fotos e quinquilharias de astros como os Beatles, The Police, Pretenders, Robert Plant, Michael Jackson e Madonna estão por todos os lados. Crianças também são bem-vindas, com um menu kids que inclui cachorro-quente e hambúrguer, além de papel e lápis para colorir.
Av. Pueyrredón y Libertador
Buenos Aires Design – Recoleta.
Tel.: 54-11-4807-7625
www.hardrock.com

EL CLUB DE LA MILANESA ($): filés à milanesa fininhos e macios do tamanho de pizzas para uma pessoa. Tem também as versões Large, para duas, e Extra Large, para três ou quatro, dependendo da fome do freguês. Pode ser de carne, de frango ou de peixe, clássica ou com cobertura de queijo, presunto, cebola, banana, creme de milho, rúcula e uma série de outros ingredientes que se combinam em cima do bifão. Sem falar nas guarnições. É para quem come bem. Aqui não tem menu infantil nem porção para criança. O jeito é cortar pedacinhos menores para eles, mas o que não falta é filé para dividir. Há opções mais "naturebas", como milanesa de soja ou de abóbora, e algumas saladas.
Gorriti, 5702, esquina Bonpland – Palermo Hollywood.
Tel.: 54-11-4772-5551
www.elclubdelamilanesa.com

HORA DA FOME

SORVETERIAS

Sair para tomar sorvete é um hábito entre os argentinos e um programa delicioso para fazer com as crianças. As sorveterias artesanais estão espalhadas pelas esquinas da cidade e os sabores variam. Acaba sendo inevitável provar o de doce de leite e suas diferentes combinações.

O argentino toma, em média, cinco quilos de sorvete por ano, uma quantidade baixa, se comparada a países da Europa, como o Reino Unido, que consome o dobro. Mas, se considerarmos que, há dez anos, o argentino tomava apenas dois quilos, podemos ver que o apetite pelo sorvete está aumentando.

Nas sorveterias também servem café, um belo desfecho para uma refeição ou um lanche no meio da tarde. Mesmo no inverno, quando o movimento nas sorveterias cai um pouco, sair para tomar um sorvete continua sendo uma ótima pedida. Mas se tiver preguiça de ir até a sorveteria, ela também pode ir até você. É comum o serviço de delivery de sorvetes na cidade. Difícil é dizer qual é a melhor.

FREDDO: é a mais fácil de encontrar, pois está por todos os lados. O sorvete de doce de leite com pe-

HORA DA FOME

daços de chocolate é imperdível. Tem bolinhas e casquinhas pequenas para as crianças. Outra atração é o alfajor com recheio de sorvete e um pouco de doce de leite. Serve também um canudinho de biscoito com sorvete dentro, o cubanito. Ainda que o café dali não seja dos melhores, ele vem acompanhado de uma bolinha de sorvete, na medida certa para quem quer só um gostinho doce. Mas saiba que seu filho vai querer comê-la, de tão bonitinha que é.
www.freddo.com.ar

PERSICCO: é a maior concorrente da Freddo, mas não está em tantos pontos de venda. Entre os vários sabores, não deixe de provar o de mascarpone com calda de frutas vermelhas e o de café. Uma explosão calórica que vale a pena é o sorvete de doce de leite caseiro. Nos meses quentes, sempre há novidades de sabores de frutas. O café vem acompanhado de pedacinhos de doce.
www.persicco.com

JAUJA: essa sorveteria da Patagônia tem uma loja em Buenos Aires, a poucas quadras do zoológico. O carro-chefe da casa são os sabores de frutas trazidas do sul, como o delicioso morango cremoso com pedaços da fruta, o de framboesa, o de mir-

HORA DA FOME

tilos e o de boysenberry, uma fruta parecida com a amora, maior e escura, bem rara. Tem ainda os exóticos com leite orgânico de vaca ou de ovelha, além dos conhecidos maracujá, manga e melão, que só são elaborados quando encontram frutas saborosas no mercado. Mas se você ainda prefere pegar pesado nos cremosos, há variedades de chocolates e de doce de leite. Sugiro o de chocolate con naranjitas, um sabor de chocolate amargo com pedacinhos de laranja caramelizados.
Cerviño, 3901 – Palermo Botánico.
www.heladosjauja.com

UN'ALTRA VOLTA: o destaque da Volta são os chocolates, com trufas deliciosas para acompanhar o café. Mas, como o assunto é sorvete, prove o de chocolate belga e fique de joelhos para comer o de doce de leite Volta, que leva amêndoas e avelãs caramelizadas. Há também a pâtisserie light, para quem está de olho nas calorias. São oito "templos" das delícias espalhados por Buenos Aires. A dos Bosques de Palermo tem mesas do lado de fora, na larga calçada da Avenida Libertador.
Avenida Libertador, 3060 – Palermo Botánico.
www.unaltravolta.com.ar

MUNCHI'S: é a sorveteria da vaquinha. O legal é tomar picolé com cara de bichos, como o da vaqui-

HORA DA FOME

nha, do ursinho ou da borboleta. Para os "grandes", a distração pode ser as casquinhas coloridas. Os batidos de sorvete com sucos podem ser cobertos com creme chantilly e calda de chocolate! Tudo muito colorido e divertido.
www.munchis.com.ar

ARKAKAÒ: de origem italiana, a Arkakaò abriu no fim de 2010 uma filial na Recoleta. Muito mais do que uma sorveteria, é uma casa de chás que serve café da manhã e drinques. O cardápio oferece 22 variedades de chás de ervas da Índia, Japão, China e Paquistão. Os sorvetes são deliciosos e cremosos, com sabores típicos da Itália, como stracciatella e gianduia. É uma oportunidade para perceber a sutil diferença entre o gelatto e o helado.
Quintana, 188 – Recoleta.
www.arkakao.com.ar

ANOTAÇÕES

ONDE FICAR

ONDE FICAR

Para elaborar a lista de hotéis a seguir, levei em conta alguns critérios, afinal, não pude me hospedar em todos os hotéis da cidade. Procurei selecionar instalações novas, em várias regiões. Tem opções para quem quer ficar no centro, perto dos pontos turísticos tradicionais; opções de hotéis cheios de charme, para relaxar e também para quem quer ficar próximo aos parques.

Quem não abre mão de um bairro elegante vai encontrar sugestões na Recoleta. Visitei hotéis de redes famosas, para quem gosta do standard delas. Tem ainda lugares com cozinha, para as mães que pensam em fazer uma comidinha, e um site de aluguel de apartamentos, cujo serviço foi testado mais de uma vez com sucesso.

Depois de selecionados, busquei a avaliação de hóspedes nos sites especializados. Os que receberam pontuação alta e comentários positivos continuaram na lista. O passo seguinte foi telefonar para cada um e pedir informações básicas. A receptividade ao telefone também foi levada em conta quando informávamos que éramos uma família com crianças. Depois visitei as instalações de cada um: a área comum, espaços de lazer, restaurante e quartos. Tentei sanar as principais dúvidas

ONDE FICAR

de todas as mães. Ao final, foram retirados da lista os que eram velhos, com cheiro de cigarro ou mofo, e os que ofereciam algum tipo de risco, como uma piscina colada num parapeito baixo no vigésimo andar. Também descartei um cinco estrelas onde a responsável pelas reservas me informou que era um hotel corporativo e não estava preparado para receber crianças. Fechei essa pequena lista com os hotéis que mostraram interesse e condições de proporcionar uma boa estadia para famílias com filhos, num ambiente limpo, acolhedor, prático e bem localizado.

ALGUMAS DICAS PRÁTICAS

Buenos Aires tem hospedagem de todos os tipos e para todos os bolsos. Na hora de escolher um lugar para ficar com crianças, é preciso levar em conta alguns pontos:

• Os valores das diárias são sempre acrescidos de um imposto de 21%, o IVA, e mudam conforme a temporada. Os que estão indicados neste guia servem como referência. Verifique na hora de efetuar a reserva.

ONDE FICAR

• Nem sempre o café da manhã está incluído. Pergunte!

• As piscinas ao ar livre, ainda que climatizadas, não funcionam durante o inverno. Cheque os dias de funcionamento, caso tenha interesse em usá-las.

• Berços geralmente são oferecidos sem custo adicional, mas é preciso reservar com antecedência.

• Babysitter é outro serviço que deve ser solicitado com antecipação. Às vezes, é preciso reservar com um dia de antecedência. Se precisar de alguém em meia hora, terá poucas chances de conseguir.

• Verifique se os apartamentos têm ar-condicionado ou aquecedores com controle de temperatura individual para você deixar o ambiente do seu gosto.

• Se não gosta de cheiro de cigarro, peça quartos para não fumantes (*no fumadores*). A lei antifumo é recente e ainda há muitos lugares onde fumantes continuam dando suas baforadas indiscriminadamente.

• Se o hotel for muito antigo, pergunte se existe uma ala nova e tente reservar seu apartamento nela. Carpetes velhos e mofo podem ser terríveis para crianças, especialmente as alérgicas.

ONDE FICAR

• Quando disserem que a criança adicional não paga, certifique-se de que ela também não precisa pagar o café da manhã. Muitas vezes dizem que não há custo adicional, mas cobram o café à parte.

• Não se deixe levar somente pelas fotos no site. Leia os comentários de quem já esteve lá em sites como o *www.tripadvisor.com*.

ART SUITES: no centro da Recoleta, tradicional bairro chique da cidade, o Art Suites é ideal para a família que quer um apartamento, mas com alguns serviços de hotel. O apart-hotel tem uma cozinha completa. Também oferece café da manhã no apartamento, que pode ter um ou dois quartos, onde cabem até cinco pessoas. Os funcionários da administração costumam ser agradáveis e podem entrar em contato com uma babysitter, caso seja solicitado com antecedência. Também há berços e serviço diário de limpeza. É indicado para estadias longas, porque a infraestrutura do apartamento é bem completa. A duas quadras do Art Suites está a movimentada Avenida Santa Fé. Também fica próximo ao Centro Cultural Recoleta e do Buenos Aires Design, com lojas de decoração e restaurantes.

Diárias a partir de US$ 180 + IVA pelo apartamento com dois quartos com café da manhã. Tarifas especiais para estadias mais longas.

ONDE FICAR

Azcuénaga, 1465.
Tel.: 54-11-4821-6800
www.artsuites.com.ar

AYRES DE RECOLETA PLAZA: o Ayres de Recoleta Plaza é bem novinho, foi inaugurado em 2009. Os quartos têm cozinha americana completa com micro-ondas, fogão elétrico, torradeira, geladeira e louças para preparar uma pequena refeição. O ar-condicionado é individual para frio e calor. A cama é queen size. Tem café da manhã incluído, uma piscina climatizada ao ar livre, no térreo, e outra menor, de hidromassagem. É possível pedir aparelho de DVD, mas os filmes são por sua conta. Localizado ao lado do Cemitério da Recoleta, está numa região turística movimentada, com muitos restaurantes ao redor. Fica perto do Buenos Aires Design e do Centro Cultural da Recoleta.
Diárias a partir de US$ 165 + IVA com café da manhã.
Guido, 1980.
Tel.: 54-11-4815-5511
www.ayresderecoletaplaza.com

AWWA SUITES & SPA: hotel executivo, inaugurado em 2010, com excelente localização para quem busca programas ao ar livre, em Palermo Botânico, a meia quadra dos Bosques de Palermo, a uma quadra do zoológico, atrás do Jardín Japonés e a um quilômetro do Paseo Alcorta Shopping. Nessa

ONDE FICAR

região está a Loja da Barbie e o Museo Evita, além de muitas opções de restaurantes, cafés e sorveterias. O café da manhã do Awwa é na confeitaria Nucha, com comidinhas para o almoço e jantar. Alguns quartos têm uma pequena cozinha com micro-ondas e fogão elétrico. O ar-condicionado de frio e calor tem controle individual. A tarifa inclui acesso ao spa, com piscina coberta climatizada e profundidade de 1,30 metro. É possível colocar uma cama adicional no quarto para crianças de até 12 anos por US$ 7,50 + IVA. O berço não tem custo adicional. O hotel não tem serviço de babysitter nem quartos conectados.

Diárias a partir de US$ 150 + IVA.
Lafinur, 3370.
Tel.: 54-11-3966-0000
www.awwasuites.com

BYTARGENTINA: este site é recomendado para quem quiser alugar um apartamento e ter total liberdade para viver como os portenhos. Com apartamentos mobiliados, que podem ser em estilo econômico e simples ou mais sofisticados, você paga uma taxa de administração, informa o número e o horário do voo em que chegará e marca uma hora na porta do prédio. Nesse momento, você paga o valor total antecipado e ainda deixa uma garantia de igual valor, que é devolvida no final da sua estadia. Uma pessoa da empresa espe-

ONDE FICAR

rará com as chaves, mostrará o ambiente e dará algumas dicas de lugares por perto, como padarias e supermercados.

Tem serviço de limpeza uma vez por semana. O resto é com você! Se for um prédio antigo, é possível que não tenha porteiro 24 horas e que você ganhe até a chave da portaria. Pode ser divertido provar a rotina da cidade, porque a escolha obriga a dar um pulo no mercado, na padaria ou tomar o café na esquina. O chato é ter que dar uma geral no quarto e colocar as toalhas para secar, mas sai muito mais em conta que hospedar-se em um hotel.

Os preços variam conforme o tamanho e a localização do apartamento escolhido.
Tel.: 54-11-4876-5000
www.bytargentina.com

FOUR SEASONS: o hotel de luxo cinco estrelas fica na Recoleta, a uma quadra do shopping Pátio Bullrich. Nele, os detalhes fazem toda a diferença. Existe um serviço especial para receber as crianças, que inclui um menu kids especial, além de filmes em DVD para assistir no quarto, roupão e pantufas para o banho e babysitter. Os quartos são amplos e bem iluminados, além de mimos como produtos franceses L'Occitane para o banho, lençóis de algodão egípcio e banheira em mármore italiano.

Tudo isso tem um preço, claro. O quarto mais

ONDE FICAR

barato está na faixa de US$ 490 e hospeda até três pessoas. A Four Seasons Executive Suite é a mais cara, com diárias na faixa dos US$ 800. É uma suíte grande, de 80 metros quadrados, com dois ambientes onde cabem dois adultos e dois menores, de até 12 anos. É possível pedir brinquedos na recepção, como lápis de cor, quebra-cabeças, caminhões, bonecas, bichos de pelúcia e até PlayStation. O hotel não tem piscina coberta, mas há uma piscina climatizada de estilo romano ao ar livre no jardim.

Para quem quer apenas sentir o gostinho do hotel sem ter que se hospedar, o brunch para a família aos domingos é delicioso. Servido na mansão ao lado do hotel, é um dos casarões mais elegantes da capital argentina e já hospedou famosos como Madonna e Michael Jackson.

Diárias a partir de US$ 490 + IVA.
Posadas, 1086.
Tel.: 54-11-4321-1200
www.fourseasons.com/buenosaires

HOME BUENOS AIRES: inaugurado em 2005, esse hotel-butique é um charme. Com 20 quartos, é ideal para quem quer um pouco de paz num lugar agradável, mas perto do burburinho. Os quartos são amplos e bem iluminados, a decoração aconchegante mistura com harmonia o moderno e o retrô. No pequeno jardim, uma bonita piscina climatizada ao ar livre permite braçadas ao sol. Tem spa,

ONDE FICAR

sauna, massagem e um cantinho zen. E o melhor de tudo: crianças são bem-vindas desde o primeiro momento.

O traslado do aeroporto para o hotel pode ter uma cadeirinha de bebê, se solicitada. Além disso, a dona do lugar, Patricia O'Shea, diz que da cozinha pode sair um bifinho com batatas ou uma fruta fora de hora. O hotel tem berço sem custo adicional, mas não tem cama extra. Tem banheira para bebê, babycall para os pais ouvirem o pequeno chamar e serviço de babysitter para você jantar por ali.

A suíte com cama de casal – arrumada de tal maneira que dá vontade de se jogar nela – pode acomodar um berço ou se conectar com outro quarto com duas camas de solteiro. A recepção está preparada para ajudar a reservar algum passeio ou a comprar ingressos para shows ou partidas de futebol. O Home tem ainda lofts com cozinha completa e até churrasqueira. Por causa da escada, os lofts são indicados para pais com crianças maiores.

Diárias da suíte a partir de US$ 290 + IVA. O quarto adicional, com duas camas de solteiro, fica por US$ 160 + IVA se reservado junto com a suíte. Café da manhã, internet wi-fi e uso da sauna e do spa incluídos.
Honduras, 5860 – Palermo Hollywood.
Tel.: 54-11-4778-1008
www.homebuenosaires.com

ONDE FICAR

HOWARD JOHNSON BOUTIQUE: para quem está familiarizado com a marca, este é um hotel-butique do Howard Johnson, inaugurado em 2009, que fica bem no coração da Recoleta. São 28 suítes de luxo, com 40 metros quadrados cada. Algumas têm hidromassagem. Há quartos com cama king size, onde é possível acomodar uma cama adicional. Os quartos com duas camas tamanho queen acomodam um casal e duas crianças. Há quartos conectados. O spa fica no térreo, onde as crianças podem se refrescar em duas jacuzzis. Tem berço e serviço de babysitter.

Diária de suíte Deluxe a partir de US$ 200 + IVA com café da manhã tipo buffet incluído e acesso ao spa. Pergunte pelo Plano Família, em que dois adultos podem dividir o quarto de duas camas queen com duas crianças de até 12 anos sem custo adicional por elas.
Peña, 2049, entre Junín y Ayacucho.
Tel.: 54-11-4800-1992
www.hjboutiquerecoleta.com.ar

IBIS OBELISCO: é o mais novo Ibis da cidade, inaugurado em 2009 na movimentada e central Avenida Corrientes, com seus vários teatros. É possível colocar uma cama extra para uma criança de até 12 anos no quarto sem custo adicional, mas não tem quartos conectados. O controle do ar quente e frio é central. Portanto, no inverno, é melhor pedir cobertores extras por garantia. O café da manhã é cobra-

ONDE FICAR

do à parte, mas vale a pena sair do hotel para tomar um ótimo café nas várias opções da cidade.
Diárias a partir de US$ 80 + IVA, sem café da manhã.
Avenida Corrientes, 1344.
Tel.: 54-11-4370-9300
www.ibishotel.com

MELIÁ: o Meliá fica numa rua de pedestres no centro da cidade, perto da Calle Florida e de Puerto Madero. Tem piscina coberta climatizada, que pode ser uma boa para gastar a energia das crianças em dias frios. Porém, é funda e miúdos devem ficar sob supervisão dos pais. O Meliá foi inaugurado em 1999 e tem duas alas de apartamentos. A parte clássica é a mais antiga e um pouco maior. É nela que permitem colocar uma cama adicional sem custo extra para crianças de até 12 anos. A partir dessa idade cobra-se pela cama. A parte mais nova é um pouco mais cara. Tem decoração mais moderna, além de um banheiro maior e mais bacana. Há quartos conjugados. Se fizer a reserva pela internet, pode optar por não ter o café da manhã incluído na diária. Pedindo com antecedência, é possível conseguir babysitter.
Diárias a partir de US$ 150 + IVA em quarto standard na parte clássica.
Reconquista, 945.
Tel.: 54-11-4891-3800
www.melia-buenos-aires.com

ONDE FICAR

NOVOTEL: "Espírito familiar", diz a propaganda do Novotel, inaugurado em 2009. As crianças são recebidas com mimos. Os pontos que chamam a atenção no hotel são: quartos novos; três piscinas climatizadas ao ar livre, sendo uma bem pequena para os miudinhos; um cardápio especialmente montado para crianças de até 12 anos com opções de entrada, prato principal e sobremesa. Tem ainda uma sala com brinquedos para os menores (mas desativada em dia de eventos) e um lounge com PlayStation disponível o dia inteiro.

Há quartos conectados e a diária do segundo apartamento fica pela metade do preço se for para duas crianças menores de 16 anos. Supercentral, fica ao lado do Ibis, na Avenida Corrientes, perto dos principais pontos turísticos da cidade. Aos domingos, dá para conseguir um late check-out sem custos.

Diária a partir de US$ 160 + IVA com café da manhã tipo buffet.
Avenida Corrientes, 1334.
Tel.: 54-11-4370-9500
www.novotel.com

ONDE FICAR

QUERIDO: UNA CASA, UN HOTEL: é uma casa ou um hotel? Às vezes parece uma casa de amigos. Outras, um hotel. O lugar é muito charmoso e foi inaugurado em 2009. Localizado no bairro de Villa Crespo, é pertinho dos outlets das melhores marcas argentinas e internacionais e do bairro de Palermo Soho, região com ótimos restaurantes e lojas descoladas. Fica a uns dez minutos de táxi dos Bosques de Palermo. A casa antiga foi toda reformada e ficou linda. Branca e amarela por fora, a casa se destaca na simpática rua cheia de árvores. O retoque final foi dado pelos próprios donos, a baiana Mariana e o inglês Ali, que pintaram paredes e cuidaram de detalhes da decoração. Os dois são muito simpáticos, recebem com um sorriso, dão dicas legais de passeios e ajudam na reserva de restaurantes, shows, aulas de tango, excursões, traslados do aeroporto para o hotel e tudo o que estiver ao alcance deles. São poucos quartos, alguns com varanda, e todos muito aconchegantes. Bem iluminados, têm camas tipo queen, TV de plasma, ar-condicionado para frio e quente de controle individual. A casa tem ainda um elevador para quem não quiser subir e descer escadas. No início de 2011, inauguraram mais dois quartos conectados, sendo um com cama de casal e outro com duas de solteiro, perfeito para a família. O café da manhã, cheio de coisas gostosas, é servido

ONDE FICAR

no térreo, onde também tem um pátio ótimo para um papo no fim do dia. Não tem berço nem serviço de quarto. Lembre-se de fazer a reserva com antecedência porque o Querido está bombando!

Diárias a partir de US$ 90.
Juan Ramirez de Velazco, 934 – Villa Crespo.
Tel.: 54-11-4854-6297
www.queridobuenosaires.com

COMPRAS

As melhores marcas e lojas ficam nos grandes shoppings e em Palermo Soho, um bairro com lugares legais para comer e tomar café. Os outlets estão na Avenida Córdoba, com marcas interessantes para as crianças na altura do número 4800. Estão ali, por exemplo, a Cheeky e a Mimo&Co. Mas é a Villa Crespo que começa a ser desbravada por consumidores vorazes em busca de outlets de marcas famosas. Lacoste e Puma estão entre as mais disputadas pelos brasileiros. Se você se interessa por "pechinchas", comece o trajeto pela esquina das Ruas Aguirre e Gurruchaga.

SHOPPINGS

ABASTO SHOPPING: o monumental edifício do século 19, que virou patrimônio da cidade, foi o primeiro mercado fornecedor local de frutas e verduras e era considerado o mais importante da América Latina. Fica no bairro do Abasto, onde morou e cantou Carlos Gardel e também por onde passaram Jorge Luis Borges e Julio Cortázar. O lugar é grande. São mais de 230 lojas em quatro andares. Ali está o Museo de los Niños e a Neverland, com jogos para crianças de várias idades. Tem 12 salas de cinema, sendo duas em 3D.
Avenida Corrientes, 3247 – Abasto.
Tel.: 54-11-4959-3400
www.abasto-shopping.com.ar

COMPRAS

ALTO PALERMO SHOPPING: badalado e sempre cheio, tem boa variedade de lojas. Ali fica a brinquedoteca do Cartoon Network. Os cinemas do Cinemark ficam na quadra seguinte e os ingressos, com lugar marcado, podem ser comprados no shopping.
Avenida Santa Fe, 3253.
www.altopalermo.com.ar

GALERÍAS PACÍFICO: construído no final do século 19 para ser o Bon Marché Argentino, com lançamentos da moda mundial, o prédio é imponente e lindo. A cúpula central, patrimônio da cidade, com desenhos feitos pelas mãos de artistas famosos, chama a atenção. O lugar reúne boas lojas e está preparado para receber o turista. Brasileiros adoram. O Plaza Kids, com mesinhas e jogos de blocos de montar para as crianças brincarem com o pai, o tio ou a vovó enquanto a mamãe dá uma voltinha nas lojas, fica no piso inferior.
Florida y Córdoba.
Tel.: 54-11-5555-5110.
www.progaleriaspacifico.com.ar

CONSEJOS ÚTILES

Não deixe de passar pelo Centro Cultural Borges, que fica no prédio, na esquina da Viamonte com San Martín. Você poderá ver boas exposições de arte ou comprar entradas para um show de flamenco mais tarde.

COMPRAS

PASEO ALCORTA: localizado em Palermo Chico, um dos bairros mais sofisticados da cidade, fica ao lado do Museo de Arte Latinoamericano (Malba). Tem banheiro infantil, fraldário, espaço para amamentação, praça de alimentação (mais agradável e tranquila que nos demais shoppings), praça de jogos ao ar livre para pequenos e brinquedoteca. Concentra boas lojas infantis. É o mais indicado para fazer compras com criança pequena!
Avenida Figueroa Alcorta y J. Salguero, 3172.
Tel.: 54-11-5777-6500
www.paseoalcorta.com.ar

PATIO BULLRICH: no coração da Recoleta, o prédio bonito de arquitetura neoclássica do século 19 foi uma casa de leilão de gado e cavalos puro-sangue. Conserva um ar elegante e tem marcas como Carolina Herrera, Hugo Boss, Ermenegildo Zegna, Kenzo, Christian Lacroix e Diesel, além de boas marcas infantis. Não tem brinquedoteca.
Avenida Libertador, 750, ou Posadas, 1245 – Recoleta.
Tel.: 54-11-4814-7400
www.shoppingbullrich.com.ar

DOT BAIRES: um shopping com cerca de 170 lojas que abriu numa região um pouco mais afastada do centro, a uns 30 minutos do Obelisco. Tem a loja de departamentos chilena Falabella, Walmart e sa-

COMPRAS

las de cinema Hoyts Premium Class, aquelas com poltronas grandes e menu gastronômico de chef para fazer uma refeição durante o filme. Traslado grátis para turistas, reservando pelo telefone, que parte do Buenos Aires Design, na Recoleta.
Vedia, 3626 – Saavedra.
Tel.: 54-11-5777-9500
www.dotbaires.com.ar

UNICENTER: outro shopping afastado do centro de Buenos Aires. Fica em Martínez. É enorme. São cerca de 300 lojas, inclusive a segunda loja da Barbie.
Paraná, 3745 – Martínez.
Tel.: 54-11-4733-1166
www.unicenter.com.ar

LOJAS QUE MERECEM UMA ESPIADA

ROUPAS E CALÇADOS PARA BEBÊS E CRIANÇAS

BABYCOTTONS: peças em algodão Pima, cultivado nos vales do Peru, para recém-nascidos e bebês. Além de roupas e acessórios, como travesseiro e mantas, a loja tem bonecos de pano muito fofos!
No Paseo Alcorta, nas Galerías Pacífico e no Unicenter.
www.babycottons.com.ar

COMPRAS

BOLIVIA: quando você olha a camisa de botão para meninos em cores fortes, já tem ideia do estilo da criança que veste a marca. A nova loja da Divina Bolivia é ampla e está bacana. Tem roupas para mulheres e para crianças. Muita cor, estampas descoladas e um ar divertido, além de acessórios diferentões.
Costa Rica, 4672 – Palermo Soho.
www.boliviaparatodos.com.ar

CHEEKY: roupa casual para crianças de até 12 anos. Tem sapatos, acessórios e uma linha fofa para bebê. Está em vários endereços na cidade, principalmente nos shoppings. Na loja do Unicenter tem um carrossel para as crianças se divertirem.
www.cheeky.com.ar

DEBBIE WIX: camisetas, bodies e babadores com frases engraçadas em espanhol. O conceito da loja é roupa para "chicos con onda", ou seja, é para crianças com bossa. Veste até 8 anos.
Arenales, 2595 – Recoleta e no estande The Baby Market, no Alto Palermo.
www.debbiewix.com.ar

GEPETTO: a pequena loja de roupas em Palermo Soho tem uma coleção com desenhos do cartunista Quino. A menina Mafalda e seus amigos estão estampados em bodies, camisetas e calcinhas. A

COMPRAS

Gepetto veste crianças de 3 meses a 14 anos.
Armenia, 1585 – Palermo Soho.
www.gepettokids.com

HABIA UNA VEZ PRINCESS: vestidos de princesas para ocasiões especiais. Laços de fita, babados, muita saia de tule. Para meninas de 1 a 14 anos. Fazem vestidos sob medida. A loja de Palermo Soho, onde também tem modelos para as mães das pequenas princesas, fica numa casa bonita.
Gorriti, 4837 – Palermo Soho.
www.habiaunavezprincess.com.ar

LA FOLIE JEANS: vestidos com ar romântico e delicado para meninas e roupas de estilo informal para meninos. Destaque para os casacos de inverno feitos à mão.
Malabia, 1670 – Palermo Soho.
www.lafolie.com.ar

LAS OREIRO: a marca criada pelas irmãs Oreiro é muito badalada no mundo da moda argentina. As coleções têm sempre uma pegada meio retrô. A linha infantil veste meninas de 2 a 10 anos e tem a mesma inspiração da linha adulta. A decoração da loja de Palermo é um capítulo à parte.
Honduras, 4780 – Palermo Soho.
www.lasoreiro.com

COMPRAS

LITTLE AKIABARA: linha infantil da marca Akiabara. Para meninos e meninas com estilo mais arrumadinho. No inverno, cardigãs e sobretudos fazem sucesso.
Galerias Pacífico e Paseo Alcorta.
www.littleakiabara.com

MAGDALENA ESPÓSITO: marca sofisticada de bom gosto e suavidade. Vestidos com corte simples e chique para elas e camisas de botão alinhadas para eles. Muita seda, linho, gabardine e tecidos importados.
Avenida Callao, 1510 – Recoleta.
www.magdalenaesposito.com.ar

MINI COMPLOT: bem alternativa inspirada no rock, no cinema e nas artes plásticas. Para meninas de personalidade forte de 1 a 6 anos. Destaque para a fofíssima garotinha-propaganda.
El Salvador, 4731 – Palermo Soho e em Alto Palermo.
www.complot.com.ar

MIMO&CO.: concorrente da Cheeky, com roupas para crianças de até 12 anos, além de sapatos, acessórios e a linha Minimimo para bebês.
El Salvador, 4721 – Palermo Soho e nos grandes shoppings.
www.mimo.com.ar

COMPRAS

OWOKO: suas roupas coloridas e estampas divertidas chamam a atenção de quem passa os olhos pela vitrine. A empresa argentina tem três lojas no Brasil: no Recife, no Rio de Janeiro e em Salvador.
El Salvador, 4694 – Palermo Soho e Galerias Pacífico.
www.owoko.com.ar

PÂTISSERIE: a loja tem inspiração francesa até na decoração. Dos mesmos donos da Cheeky, só que mais sofisticada. Veste crianças de até 8 anos e tem roupas para ocasiões especiais.
Paseo Alcorta, Patio Bullrich e Unicenter
www.maisonpatisserie.com.ar

PAULA CAHEN D'ANVERS NIÑOS: a linha de Paula Cahen d'Anvers para meninos e meninas tem um estilo casual-descoladinho. Vestidos lânguidos para elas, com flores e belos casaquinhos. Tem alguns sapatos, acessórios e linha para bebês.
Honduras, 4888 – Palermo Soho e grandes shoppings.
www.paulacahendanvers.com.ar

PIOPPA: roupas para meninos e meninas de até 12 anos. Estilo mais arrumadinho. Na coleção de inverno, é possível encontrar paletós para eles e vestidos mais sofisticados para elas.
Juncal, 1267 – Recoleta e Paseo Alcorta.
www.pioppa.com.ar

COMPRAS

BRINQUEDOS E ACESSÓRIOS

BEBEHAUS: representante exclusivo das marcas Quinny e Maxi-Cosi. Tem carrinhos de bebês, cadeiras de carro e carregadores de criança de até 2 anos, tipo canguru.
Guatemala, 4831 – Palermo Soho.
www.bebehaus.com.ar

CEBRA: supermercado de brinquedos globalizados. São dois andares com muita coisa. Bicicletas, bonecas, jogos de mesa, fantasias, bichos de pelúcia, barracas, carrinhos, castelos etc. Há várias sucursais espalhadas pela cidade, mas a maior delas fica na Scalabrini Ortiz.
Scalabrini Ortiz, 1901 – Palermo Viejo.
www.cebra.com.ar

CRECIENDO: Graco, Chicco, Nuk, Infanti, Peg-Pérego, Neocuore, Fischer-Price são algumas das marcas encontradas nessa loja. Tem roupas, acessórios, carrinhos de bebês e roupas para grávidas.
Avenida Santa Fé, 2758 – Recoleta.
www.creciendo.com

DESPENSA PARA CHICOS: lojas de brinquedos diferentes de madeira e roupas descoladas da marca Mumei para bebês e crianças de até 10 anos. A

COMPRAS

maior delas fica em Las Cañitas, atrás do centro comercial Solar de la Abadia. A região é charmosa e há outras lojas interessantes por perto, como a Educando e a Giro Didactico, com brinquedos pedagógicos.

Arce, 981 – Las Cañitas.
www.despensaparachicos.com.ar
Educando: Gorostiaga, 1766.
www.educandodidacticos.com.ar
Giro Didactico: Scalabrini Ortiz, 3176 – Palermo Botánico (ao lado da loja da Barbie).
www.girodidactico.com

MAGNETO: loja de presentes com coisas de decoração e alguns brinquedos, como canetinhas, bichinhos de pelúcia, diários e estojos.
Honduras, 4859 – Palermo Soho e Paseo Alcorta.
www.magnetoregalos.com

NEÒNATO: grande variedade de carrinhos e acessórios para bebês, como cadeirinhas para comer, grades para a cama, tapetes com móbile da marca Kiddy. Destaque para os brinquedos de boneca, iguais aos de bebê de verdade, como berço, carrinho e até cadeirinha de refeição.
Salguero, 2627 – Palermo Botánico.
www.neonatoblog.blogspot.com

COMPRAS

PERROVACA: é um cachorro com cara de vaca ou uma vaca com jeitão de cachorro? Vai saber. Tem dedoche, marionete, almofadas, camisetas divertidas, jogos, babadores e bichos de pano engraçados. Tudo divertido, com a cara do Perrovaca. O horário da loja é estranho. Abre de quarta a domingo, a partir das 14 horas.
Serrano, 1563 – Palermo Soho.
www.perrovaca.com

SOPA DE PRINCIPE: os bonecos de pano feitos à mão podem ser encontrados em várias lojas, mas o legal é visitar o pequeno lugar exclusivo deles, em Palermo, pela variedade de bonecos à venda. Em caixas de frutas, como se fosse uma quitanda, os bonecos pedem para ir para casa com você. A ideia é escolher aquele que será o amigão de seu filho. Tem vários modelos, como bichos, meninas e até jogador de futebol.
Thames, 1749 – Palermo Soho.
www.sopadeprincipe.com.ar

UFFICIO: brinquedos pedagógicos e artigos de decoração infantil. Tem mesinhas e banquinhos, luminárias e outras coisas que dão vontade de levar na mala, sei lá como.
J.L. Borges, 1733 – Palermo Soho (perto da Plaza Cortázar).

COMPRAS

DECORAÇÃO E OTRAS COSITAS

ALPARAMIS: loja famosa pelos desfiles de Natal. Tem artigos para a casa, presentes, brinquedos, roupas e acessórios para bebês. No fim do ano, vende guirlandas e efeites para árvores de Natal. A loja principal fica no bairro de Olivos e é enorme. A da Recoleta é menor, mas tem um pouco de tudo. Há outra também no Unicenter.
Avenida Libertador, 2229 – Olivos.
Uruguay, 1140 – Recoleta.
www.alparamis.com.ar

CASA CHIC: o espaço exclusivo da Kosiuko, marca de roupa jovem, tem coisas estilo casual chique para casa. Almofadas, luminárias, essências e muito mais. Decorada com flores e com um ar meio antiguinho, meio romântico, mas ao mesmo tempo moderninho, tem também uma sessão de modelitos para as crianças que vestem até tamanho 12.
El Salvador, 4786 – Palermo Soho.
www.casa-chic.com

COUCOU: esta loja no coração de Palermo Soho tem cara de bazar, com um pouco de cada coisa e tudo com a cara bem bacaninha. Tem peças de roupas diferentes para bebês, bolsas da marca Voulez Vous

COMPRAS

para a traquitana da galerinha, babadores foférrimos, almofadas, blocos e adesivos de parede.
Gurruchaga, 1783 – Palermo Soho.
www.micoucou.blogspot.com

FALABELLA: a loja de departamentos chilena ocupa três edifícios da Calle Florida, no centro da cidade. Com eletrodomésticos, artigos de decoração, brinquedos, roupas para adultos e crianças (inclusive uma linha desenhada pela modelo argentina Valeria Mazza), é um templo do consumo. Há filiais menores nos shoppings mais afastados, como o Unicenter e o Dot Baires.
Florida, 202 – Centro.
www.falabella.com.ar

MORPH: se você gosta de coisinhas de decoração com design moderno, inclusive aquelas que são mais bonitinhas do que úteis, esse é o lugar. Pode-se encontrar desde cortinas de chuveiro com desenhos criativos, porta-qualquer coisa, jogos americanos, quadrinhos, almofadas de couro, vasos, porta-retratos etc.
Buenos Aires Design – Recoleta e também em Alto Palermo e no Pátio Bullrich.
www.morph.com.ar

COMPRAS

PAPELERA PALERMO: papelaria famosa na cidade. O lugar é bacana e fica perto da Plaza Serrano, onde o bochincho é grande nos fins de semana, nos dias de feirinha na praça e nos galpões ao redor. Tem lindos papéis, além de cadernos, blocos, álbuns de fotos e livros infantis diferentes. Do outro lado da rua, dê uma olhada na Capital – Diseño & Objetos. No fundo da loja estão os brinquedos e objetos fashion para as cool kids.
Honduras, 4945 – Palermo Soho.
www.papelerapalermo.com

PESQUEIRA: a pequenina loja da artista Valeria Pesqueira, que já expôs seus trabalhos em museus como o Malba, o MoMA de Nova York e na loja Nano Universe, de Tóquio. Tudo é bem diferente, ultra cool e conceitual, com ares exclusivos e modernosos.
Armenia, 1493 – Palermo Viejo.
www.pesqueiratm.com

PICNIC KIDS & PETS: a loja de decoração Picnic abriu um lugar que vende somente coisas para crianças e seus animais de estimação. São móveis, papéis de parede, almofadas, roupas de cama, bonecos de pano e uma linha para o cão, com roupa e colchonete, na mesma estampa que a do pequeno dono.
Arevalo, 1588 – Palermo Hollywood.
www.picnicdecor.com.ar/kids

COMPRAS

TIENDAS MAGICAS: centenas de artigos para festas infantis. Tem guardanapos, copos e pratos descartáveis importados da Alemanha, lembrancinhas, velas em forma de princesa, Hello Kity, piratas, bola de futebol e outros temas. Tem até pinhata, geralmente uma caixa com balas que fica no alto e é aberta pelo aniversariante espalhando o doce pelo chão para os amigos pegarem, uma tradição das festas infantis na Argentina. A Tiendas Magicas Sobre Mesa é um bazar com coisas para casa, aventais para mães e filhas, pratos de bolo e objetos de decoração.
Costa Rica, 4675 – Palermo Soho.
Tiendas Magicas Sobre Mesa: República Árabe Siria, 3377.
www.tiendasmagicas.com

TINTHA: Tem convites personalizados, caixinhas de souvenir, além de cadernos e blocos de estampas que misturam o clássico e o moderno. Destaque para os blocos que organizam a cabeça de quem anda sempre a mil por hora, como listas de compras, cardápios da semana e compromissos do mês. Tudo em espanhol.
Costa Rica, 4902 – Palermo Soho.
Cabello, 3697 – Palermo Botánico.
www.tintha.com.ar

COMPRAS

PARA TEENS

47 STREET: numa jogada de marketing, essa marca criou o Dia Teen. No terceiro domingo de novembro ela dá descontos em peças selecionadas. Com um estilo bem definido para adolescentes, a 47 Street é badalada entre as meninas portenhas. Roupa casual, vestidos para a balada, sapatos e muitos acessórios, como óculos, brincos, arcos para o cabelo, além de bolsas com um coração estampado – símbolo da marca.
Nos grandes shoppings.
www.47street.com.ar

COMO QUIERES QUE TE QUIERA: outra loja que atrai as adolescentes, com um clima romântico e ao mesmo tempo atual, traduzido nas estampas mais delicadas e até na decoração da loja.
Honduras, 4725 – Palermo Soho e nos grandes shoppings.
www.comoquieres.com.ar

COMPRAS

FUTURAS MAMÁS

DISEÑO URBANO: quem não aguenta a tradicional lingerie bege para grávidas deve dar uma olhada nessa loja com roupas brancas e pretas. Tem calcinha que ajuda a segurar a barriga, camiseta para amamentar e lingerie para uma noite especial. Também tem um set de sobrevivência para o verão e para o inverno, com quatro peças funcionais que se combinam em diferentes looks para os nove meses de gravidez.
Thames, 1886 – Palermo Soho.
www.disenourbano.com.ar

MATERNELLE: essa loja tem um pouco de tudo para a gestante e para o enxoval do bebê. Vende as marcas de carrinhos italianos Graco, Peg-Pérego, MacLaren e Chicco, além da americana Bloom, que tem cadeiras de comer com design fashion. O lugar tem ainda spa para gestante e pós-parto, bate-papo, cursos e ecografia 4D. Não precisa de receita para fazer a eco, afinal, é apenas uma lembrança do filhote na barriga. E a quarta dimensão é o movimento. Mas dizem que, se o pequenino estiver dormindo, vira 3D mesmo.
Thames, 1750 – Palermo Soho.
www.maternelleonline.com

ANOTAÇÕES

PARA ARRANHAR
O CASTELHANO

SOBRE BABIES

Babá – niñera ou babysitter
Bagunça – lío
Bagunça com sujeira (quando se derrama suco na mesa) – enchastre
Carregar no colo – llevar en los brazos
Carrinho – cochecito
Chupeta – chupete
Estriquinado – enchufado (plugado na tomada)
Fraldas – pañales
Mamadeira – mamadera
Papinha de potinho de vidro – colado

NO HOTEL

Banheira – bañera
Berço – cuna
Brincar – jugar
Brinquedo – juguete
Café da manhã – desayuno
Leite com chocolate – chocolatada
Mala – valija
Quarto – habitación
Sala de jogos – salón de juegos

PARA ARRANHAR
O CASTELHANO

NO SHOPPING

Aluguel de carrinho – alquiler de cochecito
Bala – caramelo
Bilhete – nota
Bolsa – cartera
Brinquedoteca – patio de juegos ou pelotero
Cabeleireiro – peluqueria
Calça – pantalón
Calcinha – bombacha
Camiseta – remera
Carteira – billetera
Casaco – abrigo
Chinelo – ojotas
Cueca – calzoncillo
Elevador – ascensor
Escada – escalera
Gola – cuello
Lojas – locales
Maior – más grande; tamanho maior – talla más grande
Mais velho (filho mais velho): mayor (hijo mayor)
Meia-calça – media can can
Nota de dinheiro – billete
Pirulito – chupetín
Praça de alimentação – patio de comidas
Saia – pollera
Tênis – zapatillas

PARA ARRANHAR
O CASTELHANO

NO RESTAURANTE

Abóbora – calabaza
Batata – papa
Bola – pelota (de jogar), bocha (do sorvete)
Calda / molho – salsa
Garçom – mozo (a). Não pega bem chamar a vendedora da loja de "moça"
Geleia – mermelada
Gorjeta – propina
Purê de batata – puré de papas
Refrigerante – gaseosa
Sobremesa – postre
Senha para internet wi-fi – clave
Sorvete – helado
Suco de laranja – expremido de naranja

PARA ARRANHAR
O CASTELHANO

NO TÁXI

Ainda estamos longe? – todavia estamos lejos?
Porta-malas – valijero ou baúl
Recibo – ticket
Rua – calle
Trocado – cambio
Troco – vuelto

É SEMPRE ÚTIL SABER

Com licença – permiso
Desculpe-me – perdoname
Muito obrigado – muchas gracias!
Por favor – por favor

PARA ARRANHAR
O CASTELHANO

SE VOCÊ OUVIR POR AÍ

Bife de lomo – bife de filé mignon
Buena onda – gente boa
Cachete – bochecha
Canchera – bacana, fashion, na moda
Carrito – carrinho de compras
Changuito – carrinho de feira
Chicos – crianças, mas também gente jovem
Chusmear un rato – bater um papinho
Cola – bumbum, fila ou rabo de animal
Colita – penteado tipo rabo de cavalo
Colectivo – ônibus
Coqueta (estás coqueta) – está chique, bem arrumada
El tipo – o cara
Empanadas – pastel recheado, geralmente feito no forno
Enano – anão, maneira carinhosa de chamar o menino
Flaca – magra
Floja – fraca
Gordo ou gorda – maneira carinhosa de chamar a criança, mesmo que ela seja magrinha. Tem ainda o diminutivo, que fica mais carinhoso: *gordito* ou *gordita*, ou a abreviação disso, que seria *gordi*

PARA ARRANHAR
O CASTELHANO

Jarabe – xarope
Jarrito o pocillo – xícara de vidro mais alta ou de cerâmica mais baixa. Pode ser que te perguntem na hora de pedir o café
Licuado – suco de pedaços de fruta congelada
Macanudo – gente boa
Medialuna – um tipo de croissant de manteiga adocicado ou de gordura animal (*de grasa*). Várias medialunas e outros doces são chamados de *facturas*.
Metegol – totó
Moño – laço
Mono – macaco
Nena – menina
Nene – menino
Patitas de pollo – nuggets em forma de coxinha de frango
Pavada – bobagem, coisa sem graça
Pegamento – cola
Pochoclo – pipoca
Re – muito. Portanto, *re-flaca* é muito magra
Rico – gostoso. Comida gostosa é *comida rica*
Sordo – surdo
Tostado de jamón y queso en pan de miga – misto de presunto e queijo no pão de forma fininho sem casca, só com miolo (*miga*)
Zurdo – canhoto

agradecimentos

Ao meu marido, Carlos, pela paciência e
pelo carinho em todos os momentos.

Aos meus pais, Beth e Fernando. Ao meu irmão,
Marcello, à Ursula e ao Boss, que, mesmo de longe,
sempre me acompanharam de perto.

Aos amigos que ficaram no Brasil, aos amigos
que fiz na Argentina, e também aos leitores do
blog Buenos Aires para Niños pelo incentivo.

À Patricia, ao Vicente e à Fernanda,
que apostaram na ideia do livro.

sobre a ilustradora

As ilustrações deste guia são obras de Eve Ferretti, que sempre adorou desenhar e é apaixonada pelo que faz. Suas pinturas refletem o universo infantil de crianças de todas as idades e dos quatro cantos do mundo. Fiel ao pincel e à tinta, Eve pode passar dias em seu estúdio, pesquisando e conversando com seus personagens, até voltar ao mundo real com uma tela que desperta o sorriso de quem a vê.

www.eveferretti.blogspot.com

OUTROS GUIAS DA PULP

MANUAL DE VIAGEM

Um guia prático e completo para quem quer fazer viagens sem estresse.

CRIANÇAS A BORDO: COMO VIAJAR COM SEUS FILHOS SEM ENLOUQUECER

Manual prático que ajuda a organizar a rotina de adultos e crianças em viagens.

MINHA NOVA YORK

As melhores dicas da Big Apple pela apresentadora Didi Wagner.

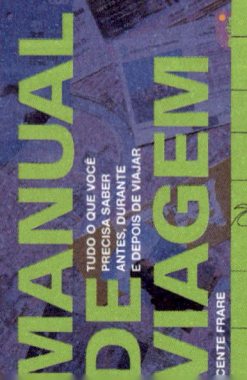

PARA A SUA PRÓXIMA VIAGEM

pulp

EUROPA DE CINEMA

Dicas e roteiros de viagens para Berlim, Londres, Madri, Paris e Roma inspirados em grandes filmes.

GUIA ESSENCIAL DE CURITIBA

Uma ótima companhia para quem visita Curitiba e busca informações curiosas e interessantes.

M&GUIA SELECTED

Descubra o melhor de Londres, Paris, Milão, Miami e Buenos Aires com as dicas exclusivas de Erika dos Mares Guia.

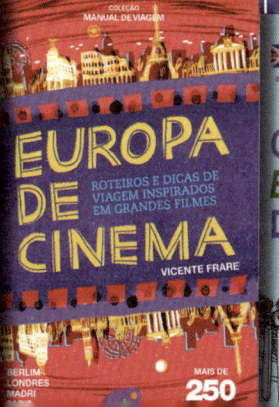

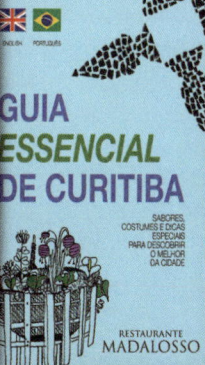

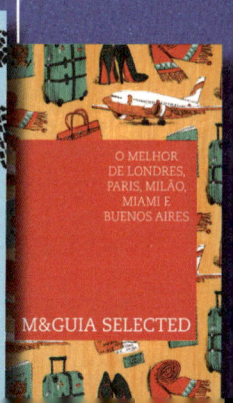

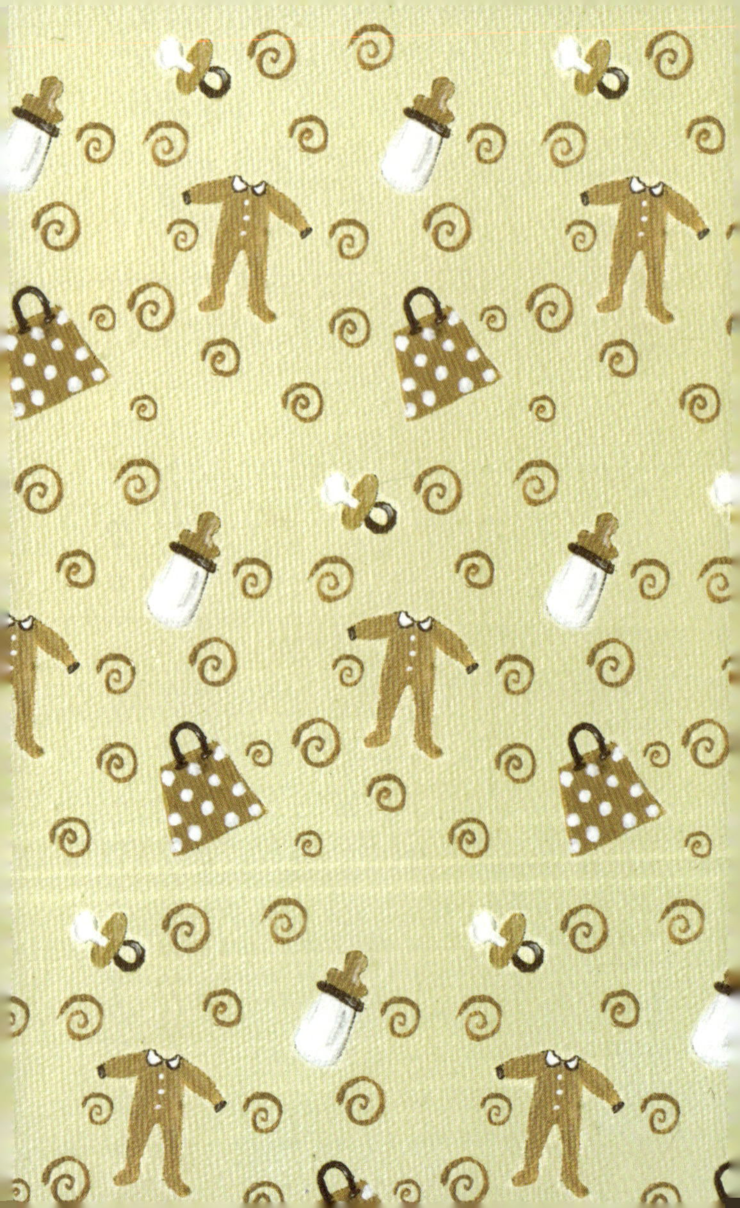